DIFFERENZen und VERMITTLUNG

Feminismus – Bildung – Politik

D1937360

edition *F*RAUEN*h*etz Wien

Medieninhaberin und Herausgeberin: Verein *FRAUENhetz*

Hetzgasse 42/1

1030 Wien

tel.: ++43-1-715 98 88

copyright bei den Autorinnen

Umschlagillustration: Romana Hagyo

Verlag: Eigenverlag

Layout und Druck: Brücke Druckerei Wien

Diese Veröffentlichung wurde ermöglicht durch finanzielle Unterstützung der Abteilung für Mädchen- und Frauenbildung des BMUK, des Frauenministeriums, des Frauenbüros der Stadt Wien und von Wien Kultur.

ISBN 3-9500431-0-1

INHALTSVERZEICHNIS:

VORWORT

Eine Premiere ist immer aufregend. Wie wird das Stück beim Publikum ankommen? Was werden die Kritikerinnen sagen? Auch das Bewußtsein, daß selbst negative Anerkennung immer noch besser ist als ignoriert zu werden, ist da manchmal nur ein schwacher Trost. Dies also ist unser erster gemeinsamer Auftritt auf der Bühne der Publikationen. Schrift ist bekanntlich auch eine Form der Flucht aus dem Konkreten in die Abstraktion; das betrifft Schreibende gleichsam wie Lesende. Nachdem es uns um eine kritische Auseinandersetzung mit dem Verlust des Wechselverhältnisses von feministischer Theorie und politischem Handeln geht, scheint es etwas paradox zu sein, nun selber etwas zu veröffentlichen, denn jede Zeit der Schrift entzieht vom Ort des Tuns. Nun ist Schreiben ebenso, und explizit bei unserer Herangehensweise – die der Debatte um jeden einzeln verfaßten Text – eine spezifische Art des Tätigseins; und keine, die an Bildung interessiert ist, kann sich diesem Widerspruch entschlagen. Und selbstverständlich drückt diese Veröffentlichung auch den Wunsch nach einer weiteren weiblichen Öffentlichkeit aus, die sich mit der inzwischen main-stream bedingten und meist verleugneten Problematik eines Zusammenhangs von Selbstveränderung und Gesellschaftsveränderung (selbst)kritisch beschäftigen will. Ohne einem Idealismus zu huldigen, der unvermeidliche Trennungsbestände fälschlich auszusöhnen vermöge, so bedrängend ist doch die zu konstatierende mediatisierte Integration von Befremdlichem im 'verschönten Schein', die umgekehrt zunehmend desintegriert und effiziente Ausschließungen für Unpassende zeitigt: die vielen – uns nicht nur umgebenden – beschädigten Leben(sbedingungen). Vermittlung, die dieser Form der 'Entintegrationierung' widerspricht, bedarf eigener Orte der Versammlung sprechender weiblicher Subjekte. Das bedeutet auch, nicht bloß vom Mangel auszugehen, der durch Forder- und Förderungen absorbiert würde; es heißt aber ebenso, der Einbildung zu widerstehen, sich als einzig(es)-artiges feministisch ausgestattetes Subjekt zu wähnen. Diese Einsicht entspricht jedoch keineswegs dem gerade modischen und mondänen Diskurs, der auch feministische Beschwerden als zu beschwerlich findet und als exkretorische Identitätspolitik abwertet. Selbst wenn die Auflösung des Selbst gerade Konjunktur hat, so ist Bewegungspolitik doch 'unhintergeldbar' an Selbstorganisation gebunden. Womit ein Anspruch an weibliche Autonomie ausgesprochen wird, der beileibe nicht mit dem, wie die Geschichte zeigt, universell destruktiven Entwurf aufgeklärter bürgerlicher Autonomie zu verwechseln ist. Das 'wir', das uns wichtig ist und das der Heterogenität von Frauen Zeit und Raum lassen will, ist nicht identisch mit dem 'Wir' einer weltweit (ökonomischen, technischen, medialen) 'Homo'genisierungspolitik, die sich bestenfalls in der Akklamation abstrakter und dabei implizit normativer Menschenrechte erschöpft. Der wortgewaltige Angriff auf Versuche weiblicher Verständigungen im Kollektiv, ist daher ein fast gewalttätiges (Selbst)Mißverständnis. Letzteres bezieht sich ebenso auf die von uns geäußerte Kritik an institutionalisierten Personen wie Inhalten. Der Vorwurf, wir wären ja individuell auch abhängig von und nicht interesselos an Institutionen (und sei's in Form von monetären Arbeitsmöglichkeiten) entspricht prekär einer längst überholt gedachten Geschichte: 'wes Brot ich eß, des Wort ich glaub' – feiert dann traurige Urstände, wenn an den Beständen keine immanente und explizite Kritik mehr geübt werden darf. Die Formulierung, das Aufmerken von strukturellen Widersprüchen und Verhinderungen, kommt – typisch weiblich? – sehr leicht in persönliche Kehlen und wiegt dann um so schwerer, weil subjektive Verständigungmöglichkeiten dann schnell gegen Null reduziert werden. Hingegen wäre eine gemeinsame Reflexion der Dialektik hegemonialer gesellschaftlicher Voraussetzungen sowie der Bedürfnisse nach Alterität notwendend. Denn die Verflochtenheit aller ins System bedeutet nicht, daß das Prozessieren immer wieder zu bestimmender Besonderheiten, als das unnamhafte Eigene, automatisch bloß in schlechte Voraussetzungslogik eingebunden ist, indem der Fundamentalismusvorwurf schnell instrumentalisierbar wird. Infragestellungen des Funktionierens von Herrschafts- und Machtverhältnissen wirken ja, bedingt durch linguistic-turns, Vernetzungs- und systemische Selbstorganisationstheorien beinah häretisch, wobei sie nach wie vor das scheinbar Unhintergehbare der 'zivilisatorischen' Fundamente – auch die eigens produzierten Sockel – 'angreifen' muß, und nicht in der Verhaltenspalette von ungehalten bis höflich von Sprech- und Schreibtischen gewischt werden darf.

Jedoch wollen wir weder Theoriematerial leugnen, ermöglicht es doch auch Selbstdistanz, noch aber wollen wir darin derart versinken, daß Handeln, welches nie ohne Versagen ist, ausbleiben muß. In diesem Spannungsfeld bewegen sich die Texte, bzw. das, was sie zu beschreiben suchen: die Arbeit im und am gemeinsamen Tun. Zwei Projekte melden sich zu Wort, deren Ausgangserfahrungen in einem dritten als ersten liegen.[1] Viele sind fortgegangen, einige hinzugekommen. Auch wenn jetzt keine kleine Bekenntnisgeschichte erzählt werden soll, so mögen wir doch die personellen Zusammenhänge eines nun zu Teilen seit fünf Jahren währenden praktisch-politischen Kontextes nicht unterschlagen: Renata, Ilse, Marcella und Birge hatten die Frauensommeruni mitorganisiert (1989–1991). Marcella hatte die Idee aus der Lehrveranstaltungsgruppe die Veranstaltungsreihe 'Feministische Prospekte' zu entwickeln (Kapitel III), wo u. a. Katharina, Renata, Juliane, Uli, Eveline und Birge mitarbeiteten (1991–1995). Die ersten Entwürfe zur *F*RAUEN*h*etz wurden im Herbst 1990 angedacht, wobei Ilse, die die Grundgestalt geboren hat, und Birge seit Beginn dabei sind. Magi kam als einjährige Projektleiterin hinzu, Nadia und Maria waren drei Jahre mitverantwortlich, Katharina und Renata sind seit über einem Jahr, Andrea seit zwölf und Conny seit zwei Monaten mittendrin und Gisela ist zur Zeit mit Akademikerinnentraining dabei. Die 'Feministischen Prospekte' beenden mit dieser Publikation ihr Dasein, die *F*RAUEN*h*etz möge lange, nicht nur als Herausgeberin, ihr Sosein bewahren können. Eine Haltung, die sich nicht im Vorzeichensetzen erschöpft, sondern Prozesse auslotet, läßt sich als Bemühung nicht in Zahlen messen. In schmerz- und freudvollen Berührungen, die heute tabuisiert sind, machen wir noch einmal die Probe aufs Exempel der weiblichen Selbst-bestimmung – als Selbstbesinnung. Der Verlauf der vorgestellten Lektüre möge dies darlegen können: der kristalline Ausgangspunkt, der Ort der (Ver)Sammlung und politischen Bildungsreflexions(entwicklung) wird mit seinen Intentionen und Wünschen beschrieben. Das zweite Kapitel bedenkt ideengeschichtliche und psychodynamische Voraussetzungen der Frauenbewegung und den Sinn, Möglichkeiten weiblicher Alternativen handlungseröffnend zu spekulieren. Kapitel drei referiert die Geschichte und thematisiert die Problematik der 'Feministischen Prospekte', die sich in der Schnittfläche von Bewegung und Institution befanden. Schließlich wird im letzten Kapitel das Funktionieren und die Funktion der Universität hinterfragt, wobei wir einen Beitrag von Ingvild Birkhan miteinbezogen haben, der unsere Kritik kritisiert, weil wir Auseinandersetzungen nicht nur behaupten wollen ebenso wie wir Ingvilds vermittelndes Engagement schätzen. Um das Nachwort wurde Johanna Riegler gebeten; mit ihrem manchmal auch scharfen Urteilsvermögen konnten wir nicht bloß abstrakt Freundschaft schließen.

Der Faden spinnt sich folglich vom (induktiv) Besonderen zum (deduktiv) Allgemeinen und retour. Verknüpfungen und Brüche weben sich um- und auseinander. Widersprüche, wie unsere universitätsgebildete Herkunft, lassen sich nicht verleugnen, aber trotzdem als ewig-einzige Wissensoption relativieren und in Bedeutungskontexte setzen, welche weibliche Selbstermächtigungen und damit Verantwortung für diese Welt – es gibt keine andere – tragen. Diesseits unendlicher Regresse auf zu- und abgeschriebene weibliche De/Maskierungen, vermuten wir existenzielle Erfahrungen, mit und in welchen ersatzlos alle Frauen leben (müssen), so verschieden sie auch zur Anschauung gebracht werden. Als Artikulation gegen die Schwerelosigkeit behaupteter und/oder tatsächlicher Parodien, Paradoxien, Patinas, die Abgründe behübscht vernebeln, kritische Klagen subtil knebeln. Derart nämlich wird widersprüchliche Komplexität reduziert durch Rekurse auf unendliche De/Konstruktionen, die Einmischen in vorhandene Politik ebenso wie die Kreation eigener öffentlicher Frauenorte als desolate Verkettung in schlechte idealistische Wiederholung diskursiviert. Diese Mißachtung zielt zumeist auf die vermeintliche Repräsentation eines Da-gegen – Seins, wobei wir (Gegen)Abhängigkeiten gerade nicht leugnen wollen, weil wir wissen, daß Widerstand sich immer auf ein Mit-Sein berufen muß. Wir wollen nicht die Hälfte des Himmels, wir wollen aber auch nicht als 'bessere Hälfte' ungefragt zur Hölle fahren. Dazu bedarf es mehr denn je alternativer Öffentlichkeiten, deren Verlust wir nicht nur konstatieren, sondern zur Bildung einer solchen etwas beitragen. Feministische politische Bildung kann dazu unausstehliche wie unversetzbare Bedingung sein.

Wien im Juni 1995 *B. K.*

[1] AUTONOMIE IN BEWEGUNG 6. österreichische Frauensommeruniversität Wien 1990 – dokumentiert in der gleichnamigen Publikation mit dem Untertitel: Texte, Reflexionen, Sub-Versionen; Wien 1991

I. *F*RAUEN*h*etz – BILDUNGEN

Conny Mostböck, Andrea Strutzmann

Die *F*RAUEN*h*etz ...

... ist ein selbstgeschaffener autonomer feministischer Ort im 3. Wiener Gemeindebezirk, der nach einer mehrjährigen Planungsphase im November 1993 eröffnet wurde.

KONZEPT

Ein grundlegender Teil des Konzeptes der *F*RAUEN*h*etz ist es, als Trägerinnenorganisaton bzw. Bürogemeinschaft kontinuierlich arbeitenden Frauenprojekten Infrastruktur zu Verfügung zu stellen. Derzeit sind neben der *F*RAUEN*h*etz als Trägerin noch drei Vereine im 265 m^2 großen Vereinslokal eingemietet, nämlich: EfEU, Verein zur Erarbeitung feministischer Erziehungs- und Unterrichtsmodelle; an.schläge, feministisches Magazin für Politik, Arbeit und Kultur, und der Bund Demokratischer Frauen. Die *F*RAUEN*h*etz vermietet auch Büros, einen Veranstaltungsraum, einen Seminarraum und den »fliegenden Schreibtisch« an Frauenprojekte, die kurzfristig Räume und Infrastruktur benötigen.

Über diesen konkret verbindenden Ort und einzelne Aktivitäten hinaus, wollen wir auch Verbindungen inhaltlicher Natur mit anderen herstellen. Politik, Bildung, Kultur und Alltag sind nicht voneinander zu trennen, sondern per se verknüpft. Diese Bereiche bestimmen das Leben von Frauen. Frau-Sein muß immer wieder neu überdacht und hergestellt werden, um nicht in traditionellen Rollen und Einschränkungen verfangen zu bleiben und um weibliches Selbstbewußtsein zu unterstützen.

KOLLEKTIVITÄT

Ein Verfahren autonom-feministischer Politik war und ist die kollektive Auseinandersetzung mit dem eigenen Tun. Diese aufrecht zu erhalten, ist angesichts der Zersplitterung und Anpassung der Frauenbewegung vehement angesagt. So kann auch der Interdisziplinarität als Tradition der feministischen Wissenschaften entsprochen werden: Sich nicht nur in den Grenzen des jeweiligen Arbeitsfeldes zu bewegen, sondern darüber hinaus andere Ansätze und Standpunkte einzubeziehen. Feministische Politik muß über »Eigenes« hinausgehend immer die Einmischung in Bestehendes beinhalten, um gesellschaftspolitische Zusammenhänge herstellen zu können. (z. B.: Veranstaltungen zu aktuellen Themen...).

Verbindungen zwischen Frauen aufzubauen und aufrecht zu erhalten, war und ist ein grundlegendes politisches Anliegen der ersten wie der zweiten Frauenbewegung. Dies impliziert erstens Kontinuitäten der gemeinsam Arbeitenden und zweitens die Zusammenarbeit mit Frauen aus anderen Projekten, aus Bildungseinrichtungen (über Österreich hinaus) und mit Frauen, die in Institutionen frauenspezifisch arbeiten, um auch diese Funktionen anzuerkennen und zu unterstützen – also: mit Frauen aus unterschiedlichen Arbeitsbereichen (Institutionen, Parteien, Vereinigungen, Universität, Projekte etc.), um verbindliche Diskurse zu eröffnen und deren Kontinuität mit Hilfe eines autonomen feministischen Raumes zu fördern.

Zentral ist die Kollektivität des politischen Agierens, denn das Gemeinsame steht im Vordergrund.

Auf der Basis der Kollektivität beruht auch die Form der Zusammenarbeit unter den Mitarbeiterinnen (gemeinsame plenare Entscheidungen und Auseinandersetzung über den Verlauf der Zusammenarbeit). Das *F*RAUEN*h*etzkollektiv (derzeit neun Frauen) arbeitet großteils unbezahlt, marginal subventioniert von öffentlicher Hand. Das hat zwar den Vorteil der relativ geringen Legitimationspflicht den Geldgebern gegenüber, bringt aber den Nachteil der Überforderung der einzelnen und fehlender finanzieller Absicherung/Sicherheiten mit sich.

INTENTION

Die Mitarbeiterinnen und Besucherinnen der *F*RAUEN*h*etz können in verschiedensten Bereichen gefunden werden (in Projekten, an der Universität, der Theorie, der Erwachsenenbildung) oder haben ganz einfach ein feministisches Alltagsinteresse. Dementsprechend wollen wir mit diesem Projekt in der Tradition der Frauenbewegung Zusammenhänge herstellen, die als autonom-feministische Politik weibliche Souveränität und Handlungsfähigkeit fördern; und zwar im Austausch von Reflexion der feministischen Theorien/ Analysen und der eigenen Befindlichkeit und der Verortung im jeweiligen historischen und politischen Kontext.

VERANSTALTUNGEN

Die Veranstaltungen sind auf der Basis eines Austausches von Theoretikerinnen und Praktikerinnen konzipiert. Im Gegensatz zur abstrakten Wissensvermittlung (z. B. Expertinnen, Frontalvorträge) sind sie mit dem Anspruch nach gemeinsamer Entwicklung von Strategien verbunden. Dies stellt sich in der Form der Veranstaltungen (Diskussionsforen, Symposien, Workshops, Filmabende) dar, in denen Zeit und Raum geschaffen werden soll, um Wissen, das z. B. im universitären Lehrbetrieb abstrakt vermittelt wird, mit weiblichem Erfahrungswissen, Wünschen, Utopien und nicht zuletzt als Politik der Frauenbewegung zu verknüpfen. Dementsprechend greifen wir einerseits aktuelle tagespolitische Themen auf (z. B. in der Diskussionsreihe »Sparen auf Kosten der Frauen« anläßlich des Sparpaketes) und veranstalten andererseits kontinuierliche Reihen zu Schwerpunktthemen (»Körper/Politik«; »Nationalismen, Nationalsozialismus und Rechtsextremismus«, oder »Mädchen bevorzugt« in Zusammenarbeit mit der feministischen Mädchenschule Virginia Woolf). Die hierbei gemeinsam entwickelten Ideen werden in verschiedenen Publikationen öffentlich gemacht bzw. werden unsere Haltungen und Arbeitsformen auch an anderen Orten (wie z. B. VHS,..) vermittelt.

Das Kollektiv *F*RAUEN*h*etz, das Zeit und Raum für feministisches Denken und Handeln bietet und interessierte Frauen jederzeit willkommen heißt, wird momentan aufrechterhalten von: Gisela Aichholzer, Renata Fuchs, Birge Krondorfer, Conny Mostböck, Magi Neumann, Katharina Pewny, Ilse Rollett, Andrea Strutzmann, Nadja Trallori, Irmi Voglmayr.

Renata Fuchs, Birge Krondorfer, Katharina Pewny, Ilse Rollett

DREI VORTRAGSREIHEN IN DER *F*RAUEN*h*etz REFLEXIONEN[1]

Es ist eine bildungspolitische Perspektive des Vereines *F*RAUEN*h*etz im Unterschied zu sonstigen oder ähnlichen frauenbezogenen bzw. feministischen Vortragsangeboten, auf die Dialektik von Organisationsformen und Inhalten zu achten. Die Gestalt, das Produkt ist nicht unabhängig von der Gestaltung, der Herangehensweise. Das bedeutet in diesem Kontext viererlei:

1. Der Komplex Veranstaltung sollte einen Ausdruck der Komplexität des Themas darstellen (Zusammenhang von Binnen- und Inhaltsstruktur);

2. die Veranstalterinnen sind nicht abgekoppelt von den Vortragenden und den Zuhörerinnen, d. h. die *F*RAUEN*h*etz bietet Ort und Zeit, sowie leibliche und geistige Ressourcen, stellt sich aber als Trägerin nicht in ein abstraktes Verhältnis zu allen anderen, die nicht nur verbal, sondern auch tätig mitkonzipieren und organisieren können/wollen/sollen. Keine kann sich auf eine »reine« Funktion zurückziehen. Gerade bei der Konzeption eines überall wieder zunehmend reduzierten feministischen öffentlichen Raumes, der sich als Ort der Auseinandersetzung von Frauen mit feministischer Ideengeschichte und politischer Bewußtseinsbildung versteht, kann sich keine in Form einer eloquenten Diskursführung ausnehmen können/sollen.

3. Theoriebildung und -rezeption sollte nicht bloß zur leeren Ersatzhandlung erstarren, sondern als feministische Produktivität die Frage nach gesellschaftlich unerwünschten widerständigen Handlungs- und Denkperspektiven eröffnen. Dies entspricht dem Ziel einer feministisch-politischen (Bildungs-)Perspektive, die sich nicht nur in herkömmlichen (monologischen und dann-gibts-dreieinhalb-sachliche-Fragen-und-dann-gehen-alle-(un)zufrieden-wieder-nach-hause) Diskursstrukturen erschöpfen will, sondern auch auf eine Verständigung der

unterschiedlichen Diskursebenen abzielt. (Ein räumlicher Ausdruck dessen wurde u.a. in der nicht-hierarchischen Sitzformation probiert.)

4. Eine andere gegenseitige Wertschätzung kommt ins Spiel: Die Organisatorinnen arbeiten umsonst (dennoch hoffentlich nicht umsonst!) und alle Referentinnen erhielten keine Honorare und kamen perspektivisch motiviert dennoch. Die Zuhörerinnen bezahlten mehr oder weniger regelmäßig ihren Spendeneintritt, was für geistige Konsumationen gemeinhin auch unüblich ist (außer schlechterdings im Trend liegende akademisch-internationale Kongresse, die inzestuös alle Frauen ausschließen, die wenig Geld zur Verfügung haben). D. h. es gelang ein anderes Verhältnis von Geben und Nehmen, eine Produktivität, die jenseits kapitalistischer Tauschwertverhältnisse angesiedelt ist. Dabei geht es jetzt nicht darum, die Zementierung einer induzierten Not zur Tugend zu erheben. Bspw. hat die Frauenabteilung des BMWF, die ihrer angenötigten Subventionsvergabepraxis der ausschließlichen Förderung von Veranstaltungen mangels ausreichender Ressourcen nachkommen muß, statt der angesuchten extrem bescheidenen 100.000 öS für das gesamte Vortrags- und Symposionsprogramm der *F*RAUEN*h*etz 1994 ganze heiße 30.000 öS zuerkannt. Dennoch geht es darum, die Ambivalenz zu erkennen, daß Politik- und Denkformen, die vordergründig und radikal nicht der gesellschaftlichen Funktionalisierung entsprechen, aus der entgeltlichen Äquivalenz ebenso herausfallen, wie es umgekehrt notwendig ist, daß Ansätze, die über den bloß reaktiven Tellerrand hinausfallen und -blicken, ebenso als Arbeitsleistung für den gesellschaftspolitischen Gesamtkontext finanzielle Anerkennung finden.

DISKUSSIONSFORUM »NATIONALISMEN, NATIONALSOZIALISMUS, RECHTSEXTREMISMUS«

Die Idee, sich mit dieser Problematik zu beschäftigen, entstand nicht nur im Zusammenhang der Reaktualisierung »aufrechter« Reflexionen – über die weibliche Beteiligung – an derartigen gesellschaftlichen Tendenzen. Und direkt motiviert wurde die Veranstaltungsreihe durch einen abendlichen widerwärtigen Telefonanrufer in der *F*RAUENhetz selbst. »Der Jörgl wirds Euch schon zeigen.«

Der inhaltliche Spannungsbogen der Filme und Vorträge reichte von »Shoah«, Erzählungen gelebter Widerstandsformen über Weiblichkeitsbilder in neokonservativen/rechtsextremen Diskursen und historischen und gegenwärtigen Beteiligungsdynamiken von Frauen bis hin zur Verbildlichung von Kriegerdenkmälern nach 1945 und Hannah Arendts Begriff totaler Herrschaft. Die verbindende Fragestellung war die versuchte Annäherung an eine politische Theorie des Geschlechterverhältnisses sowie tabuisierte klammheimliche weibliche Trägerschaften in Hinblick auf »rechte« Praxisverständnisse.

Am Abschlußabend, der ausgesprochenerweise »Widerständige Handlungsformen« hieß, wurden gemeinsam organisatorische und inhaltliche Fragestellungen, Irritationen, Anknüpfungspunkte, die sich im Laufe der Veranstaltungsreihe herauskristallisierten, reflektiert.

Problemskizzierung der »Form« und der »Inhalte«

Realisiert hat sich der regelmäßige Austausch verschiedenster feministisch-politischer Gruppierungen ebensowenig wie die erwünschte kontinuierliche Teilnahme der unterschiedlichen Vortragenden. Die manchmal sehr forschungsimmanente Zugangsweise konnte nicht immer »gestört« bzw. im Sinne eines explizit feministischen Bewußtseins verallgemeinerungsfähig gemacht werden.

Wieso ist eine Verbindung zwischen dem wissenschaftlichen und dem politischen Diskurs so schwierig? Wie kann die jeweilige Selbstbezogenheit (individuell und kleinkollektivistisch) unterbrochen werden? Was hat es mit der »Kongruenz« des geschlechtsbezogenen Differenzansatzes von nazistischen und feminstischen Theorien auf sich? Wo trifft/unterscheidet sich da was und wohin? Was hat es mit der Parallelisierungsmöglichkeit der »Ghettoisierungs/Assimilierungsdebatte« bspw. im Warschauer Ghetto und der Frauenbewegung auf sich? Inwiefern wirken »rechte« Machtbeteiligungsversprechen auf Frauen attraktiv? Wo treffen sich – auch von Teilen der feministischen Gruppierungen getragen – New Age-Perspektiven mit konservativen und »Blut und Boden«-Ideologien?

Diese und andere ambivalente Spannungen wurden als bislang sich entwickelnder »Fragebogen« – auch in Hinblick auf unterschiedliche Einschätzungen der Gegenwartssituation und damit verbundenen Strategien – auf einem Symposion im Frühjahr 1995 aufgegriffen und weitergeführt.

DISKUSSIONSFORUM »FRAUEN – KÖRPER – SEX – HYGIENE – TECHNIKEN«

»Gesünder leben«[2] ist zum wichtigsten Leitmotiv der Gegenwart avanciert. In Erhebungen von Meinungsforschungsinstituten kreuzen ÖstereicherInnen aller Altersstufen bei der Frage: »Was ist Ihnen das Wichtigste im Leben?« mehrheitlich den Item »Gesundheit« an und die Anzahl der Fernseh-, Radio- und Artikelserien in Tageszeitungen zu diesem Thema bestätigen dessen Vorherrschaft. Der Leitartikel im schon erwähnten Profil Extra trägt den Titel »Erziehungsziel Gesundheit« und beginnt mit der Frage: »Warum lehrt uns eigentlich niemand, mit unserem Körper ordentlich umzugehen?« Die unausgesprochenen Prämissen dieser Frage sind:

1. Es ist möglich, mit unserem »Körper ordentlich umzugehen«.

2. Dieser »ordentliche Umgang« kann gelernt und gelehrt werden.

3. Erziehungsziel ist die Übernahme von Eigenverantwortlichkeit für »unseren« Körper.

4. Prinizpiell gibt es zum Thema Gesundheit keinen Unterschied zwischen den Geschlechtern; dieser Unterschied zeigt sich bestenfalls in Detailfragen.

Die Intention der Veranstaltungsreihe in der »Hetzgasse« war es, genau diese unausgesprochenen Prämissen, die bestimmend sind für die öffentliche Diskussion, sichtbar und besprechbar zu machen. Durch die Vorherrschaft des medizinischen Blicks und der medizinisch geprägten Körperwahrnehmung wird ein bestimmtes Körperbild und eine bestimmte Einstellung zum Körper vorgegeben, die als wissenschaftlich-objektiv gilt und dadurch fast unangreifbar geworden ist.

Der angeblich geschlechtslos gesunde Körper orientiert sich an einem männlich-funktionalen Modell, d. h. er soll bestenfalls wie ein Computer, den man ja auch fachgerecht bedienen und warten sollte, funktionieren und allfällige Störungen sollten medizinisch-technisch bzw. chemisch behoben werden können. Dieses Modell geht von der Machbarkeit/Planbarkeit aus und ist selbst von der Frauenbewegung innerhalb der Diskussion über Selbstbestimungsrecht und Recht auf Abtreibung – als Befreiung von ungewollter Schwangerschaft – zum Teil übernommen worden.

Die Falle, in die dieses Modell führt, wurde erst anhand der Entwicklung der Gen- und Reproduktionstechnologien und der Möglichkeit von künstlicher Befruchtung erkannt, wenn auch nicht befriedigend gelöst.

Die Veranstaltung sollte eine Diskussion eröffnen, an welcher Expertinnen – die in zunehmendem Maß als Wissenschafterinnen an der Universität, Soziologinnen im Ministerium, Gynäkologinnen im Krankenhaus oder Inititatorinnen von Frauengesundheitszentren tätig sind – als auch interessierte Besucherinnen teilhaben und in welcher die theoretischen Hintergründe eines solchen Gesundheitsverständnisses, dessen praktische Auswirkungen und alternative Möglichkeiten besprochen werden können.

Die Titel der einzelnen Abende: »Befreiende Eingriffe«, »Fürsorgliche Vorgriffe« und »Vom Begriff zum Zugriff« sollten den Bogen von der Abtreibung als erster Forderung der Frauenbewegung über gegenwärtige medizinische Praxis und Vorsorge (vor allem Mädchen und Aids betreffend) bis zu einer Analyse des gesellschaftlichen Umgangs mit Gesundheit dokumentieren.

Vorläufiges Resumee: Das Interesse der Frauen an einer Diskussion zum Thema Gesundheit ist groß und ihre Meinungen dazu ziemlich kontroversiell. Eine gemeinsame Sprache zu finden gestaltete sich um einiges schwieriger als wir angenommen hatten, Frauenbewußtheit und/oder feministisches Selbstverständnis reicht dafür nicht (mehr) aus. Die Diskussionreihe wurde im Jänner fortgesetzt.

VORTRAGSREIHE »MÄDCHEN BEVORZUGT«

Die Vortragsreihe »Mädchen bevorzugt« (vom April bis Juni 1994) wurde vom gleichnamigen Arbeitskreis organisiert und stellt somit keine »hauseigene« Aktivität der *F*RAUEN*h*etz dar. Warum diese Serie hier dennoch Eingang findet, hat Gründe sowohl in personellen Überschneidungen der Veranstalterinnen als auch in inhaltlich-politischen Schnittstellen zwischen Mädchen- und Frauenbildung. Bereits im Semester davor wurde unter dem gleichen Titel eine Vortragsreihe an der Wiener Urania organisiert, die ihren Ausgangspunkt in der Praxis der feministischen Mädchenschule »Virginia Woolf« hatte. Aus dem Bedürfnis heraus, das eigene Tun zu reflektieren und in einen größeren politischen und auch historischen Kontext zu stellen, war die erste Serie sozusagen als Fortbildungsmöglichkeit für die Schulfrauen konzipiert. Der Wunsch nach einem kontinuierlichen Diskussionszusammenhang zwischen Theoretikerinnen und Praktikerinnen traf sich mit dem (bildungs)politischen Intentionen der *F*RAUEN*h*etz, was letztlich einen der Gründe darstellte, die Vortragsreihe in diesem Frauenbildungszentrum fortzusetzen.

Zum Aufbau der Vortragsreihe

Historischen Darstellungen der Entwicklung höherer Mädchenbildung in Österreich folgten psychologische und psychoanalytische Versuche, die geschlechtsdifferente Entwicklungsgeschichte von Mädchen zu analysieren. Praxisberichte (außerschulischer) feministischer Mädchenarbeit in Vorarlberg und feministischer Unterrichts- und Organsiationsmodelle an einem Wiener Gymnasium bildeten einen Schwerpunkt der Vortragsreihe. Außerdem wurden Arbeits- und Forschungsergebnisse zur Gewaltproblematik gegen Mädchen, sowie die erste Forschungsarbeit zur feministischen Mädchenschule in Wien präsentiert. Durch die Einladung der Redakteurinnen der feministisch-pädagogischen Zeitschrift »unterschiede« aus Berlin gelang es uns, auch einen internationalen Zusammenhang und Erfahrungsaustasuch herzustellen.

Mit der Abschlußdiskussion zum Thema »Feministische Mädchenbildung zwischen Ausschluß und Parteilichkeit« sollte der Bogen gespannt werden zwischen Lehrerinnen und Wissenschafterinnen, zwischen autonomen Bildungsprojekten (wie der *F*RAUEN*h*etz und der »Virginia Woolf-Schule«) und jenen Frauen, die in Schulen (oder Ministerien) versuchen, im Sinne der Parteilichkeit für Mädchen zu arbeiten.

Ein Resumee

Für uns als Veranstalterinnen hat sich der Anspruch an Expertinnengespräche über gemeinsame Ziele, Probleme und (politische) Lösungsansätze über politische und institutionelle Grenzen und eigene Erfahrungen hinweg vor allem in dieser Abschlußveranstaltung eingelöst. Die jeweiligen Diskussionen nach den einzelnen Vortragsabenden, die durchaus unterschiedlich besucht waren, verliefen zumeist sehr intensiv: manchmal eher praxisorientiert als (ersehnter) Erfahrungsaustausch zwischen Lehrerinnen, andere Male eher theoretisch. Meist jedoch gelang es, Bezüge zur feministischen Mädchenschule (und sei es auch in Form vehementer Abgrenzung) herzustellen bzw. die Verbindungslinien von eigener Fortbildung (Erwachsenenbildung) und Mädchenbildungskonzepten im Auge zu behalten

Ein Ergebnis bzw. eine Zusammenfassung der Diskussionsprozesse zu feministischen Mädchenbildungskonzepten liegt nun in Form einer Publikation vor. Der Band »Mädchen bevorzugt. Feministische Beiträge zur Mädchenbildung und Mädchenpolitik«, hrsg. v. R. Devime und I. Rollett. Die Präsentation fand am 23. September 1994 in der »Virginia Woolf-Schule« statt.

[1] Der Artikel wurde bereits publiziert in: AUF – Eine Frauenzeitschrift 85; Wien 1994. S. 22–25.

[2] Titel des Profil Extra zum Thema.

ZWISCHEN MATER UND MAESTRA – WEIBLICHE POSITIONEN IN WISSEN/MACHT/VERMITTLUNG

Katharina Pewny

ÜBERLEGUNGEN ZU ERWACHSENENBILDUNG UND POLITIK

Die traditionellen Bildungsinstitutionen sind längst um unterschiedliche Formen von Bildungsangeboten (Fachhochschulen, private Erwachsenenbildungsinitiativen) – seit neuestem unter der Devise der Angleichung an europäische Maßstäbe – erweitert.

Frauen erlangen zunehmend Kompetenzen in diesem Feld, ohne die zentralen Stellen der Macht zu besetzen. Während im universitären Raum der Wissensproduktion Frauenforschung und feministische Theorieansätze zumindest inhaltlich tendenziell anerkannt werden, stehen nach wie vor Auseinandersetzungen zur alltäglichen Erfahrungsweitergabe, die Frauen leisten, aus. Nachdem die Reproduktionsarbeit in der sogenannten Freizeit passiert, sind diese Kompetenzen dem gesellschaftlichen Bewußtsein weder als Bildung noch als Arbeit präsent. Eine Konsequenz dieser Entwicklung ist die Ausbildung eines breiten Erfahrungswissens von Frauen bei minimalem Raum und knapper Zeit für Reflexion und Austausch. Und wenn, sprechen Frauen nach wie vor im sogenannten Privaten zueinander über ihre Art der Wissensweitergabe.

Um dem Abkippen in Akademisierung, die nur einen marginalen Bereich der gesamtgesellschaftlichen Bildungsvorgänge abdeckt, entgegenzutreten, geht es also vorerst um Verortung von Bildung als solcher. Weiters bietet sich eine politische Problematisierung der Verbreitung individualisierter Bildungsansätze an.

An dieser Stelle ein kritischer Hinweis auf persönlichkeitsbildende bzw. personenzentrierte Angebote, die individuelle Befindlichkeiten zum alleinigen Maßstab von Problem und Lösung haben, ohne sie auf (politische) Strukturen zurückzubeziehen: Denn so wird Entpolitisierung befördert und sowohl die Bedeutungen von Esoterikschub einerseits und Rechtsruck der politischen Landschaft andererseits ausgeblendet.

Die gruppenorientierten Methoden der siebziger Jahre haben ihre Etablierung in Volkshochschulen gefunden. In den beginnenden Neunzigern geht die Tendenz in scheinbar selbstgesteuerte Bildungsverläufe (»self-directed Learning«), die individuelle Autonomie versprechen und doch häufig an die Erwerbstätigkeit gebunden sind (innerbetriebliche Weiterbildung). So klaffen berufliche Weiterbildung, alltägliches Bildungsgeschehen und allgemeine Bildung (VHS etc.), die in der Hoffnung auf berufliche Situierung gepflegt wird, zusehends auseinander. Diese Entwicklung findet ihren Maßstab mehr an marktwirtschaftlichen Kriterien denn an der Ausbildung individueller Souveränität.

Die Einpassung individuellen Leistungsvermögens in ökonomische Strukturen wird als betriebswirtschaftliche Persönlichkeitsbildung vorangetrieben (Mitarbeiter-Coaching etc.). Eine Kritik dieser Entwicklung überschreitet klassisch marxistische Positionen insofern, als die Methoden der innerbetrieblichen Bewußtseinsbildung die Dialektik von »zu beherrschendem Ich« und den Arbeitszusammenhängen nun in die Individuen verschiebt. Nicht mehr die Arbeitsverhältnisse werden als entfremdende diskutiert, sondern die psychischen Dispositionen hinterfragt. Wo – in diesem Sinne – die Zusammenarbeit als Team (was nicht zu verwechseln ist mit Projektgruppen, die Entscheidungskompetenz und Information nicht zentralisieren) im Vordergrund steht, ist die Unterordnung der Individuen unter das Betriebsklima, den Teamgeist etc. zu hinterfragen, denn damit geht eine Verdeckung realer Machtverhältnisse und Hierarchien Hand in Hand.

Die Hoffnung auf berufliche Etablierung durch Weiterbildung stellt sich für Frauen, deren Karriereverlauf einen Abbruch bei der Geburt von Kindern erfährt, oftmals als scheinbare heraus. Denn hohe Qualifikation ist kein Allheilmittel gegen Betreuungspflichen und Mehrfachbelastung.

Reale Mehrfachbelastungen sind so gut wie unvereinbar mit flexibler Verfügbarkeit. Dennoch wird von Arbeitnehmerinnen ein hohes Maß an Flexibilität gefordert, das realiter dem Lebensentwurf männlicher Individualität entspricht. Paradoxerweise passiert gleichzeitig eine Feminisierung der geforderten Kompetenzen in Wirtschaftsbetrieben: Teamfähigkeit, Konfliktlösungskompetenz, Belastbarkeit – sogenannte weibliche Qualitäten – sollen für die Steigerung der Produktivität herhalten.

Daraus resultieren Differenzen von Alltags-, Berufs- und Weiterbildung in ihrem Zusammenhang zum Politischen an Bildung: Ausgehend von der These, daß Bildung sich nie jenseits von Politik befindet, bedeutet ein Konzept von politischer Bildung (also auch von feministischer Bildung) Agieren innerhalb bestimmter Spannungsfelder wie: Existiert eine unaufhebbare Dialektik zwischen Disziplinierung/Normalisierung/Anpassung und Aufklärung/Selbstbewußtsein/Befreiung?

Nach zwanzig Jahren feministischer Theoriebildungen und Politik der 2. Frauenbewegung eröffnen sich die Zusammenhänge von Geschlecht/Geschlechterdifferenz und den Strukturen des Gemeinwesens. Nachdem spätestens seit der Jahrhundertwende die Fiktion monadischer Subjekte, deren Bildungsbiographie in der Historie geistiger Höhenflüge besteht, obsolet ist, ergibt sich die permanente Notwendigkeit der Einbeziehung der Kategorie Geschlecht in Gedankenverläufe und Organisationsabläufe.

Um weibliche Subjektivität – an der kein Bildungsansatz vorbeidenken kann – jenseits normierter Zuweisungen und anzupassender Lebensläufe zu entwickeln, wäre das Dilemma von Anpassung und Unterwerfung über individuelle Befindlichkeiten hinaus besprechbar zu machen. So würde eine Subjektkonstitution befördert, die nicht nur die Einpassung (in Wertsysteme, wie sie von ökonomischen Parametern aus gedacht sind), sondern auch die Souveränität bedenkt und achtet, um die gesellschaftliche Anerkennung der Frauen nicht nur als Nachholbedarf an männliche Subjektivierung zu bezwecken.

Der Grundkonsens eines aufgeklärten Anspruchs an Erwachsenenbildner.innen könnte so formuliert werden: Im Bewußtsein der eigenen Autorität (also selbstreflexiv) den Gruppenprozeß zu berücksichtigen und die Methode/Didaktik entsprechend zu gestalten. Über Fremdreflexion als Ebene der Aufklärung kann das Wissen um den Prozeß den

Teilnehmenden zugänglich gemacht werden. Somit ergibt sich eine Gratwanderung zwischen Spiegelung des Verlaufes und Beharren auf der (autoritär besetzten) Vermittlung von inhaltlichem, strukturellem wie emotionalem Erfahrungswissen.

So wird auf diesen drei Ebenen ein hohes Maß an Kompetenzen vorausgesetzt: Den Inhalt blind zu beherrschen und ad hoc den Gruppenprozeß zu sehen, sodaß der Lehrgestus demgemäß modifiziert werden kann, plus einen adäquaten Umgang mit entstehenden Emotionen. Zu fragen wäre, ob weibliche Lehrende damit nicht erneut auf mütterliche Funktionen (inklusive Mehrfachbelastung) verwiesen werden: Für alles zuständig zu sein und als Material wie Passage der Genese der Ausbildung einzelner und gemeinsamer Selbstbewußtheit zu fungieren. Die Kehrseite dieser Medaille, die die Position des Maestros (das Modell männlicher Autorität) fokussiert, hieße Wahrnehmung der eigenen Autorität und birgt (feministischerweise) den Konflikt, hierarchische Strukturen in Anspruch zu nehmen und sie gleichzeitig zu hinterfragen.

Im Bildungsgeschehen ergibt sich seitens der Teilnehmenden eine psychische Ambivalenz zwischen Regression und Identifizierung. Feministinnen bedenken diese Dynamik auch psychoanalytisch-philosophisch, um deren Bedeutung für die Position der lehrenden Frauen mit den Wirkungen einer symbolischen und letztlich gesellschaftlichen Ordnung, die Frauen auf mütterliche Positionen verweist, zu verknüpfen.

Katharina Pewny, Ilse Rollett

EIN ROUND TABLE-GESPRÄCH

Reflexionen zu einem feministischen Selbstverständnis lehrender Frauen in unterschiedlichen Bildungsbereichen

Expertinnen aus dem Bildungsbereich zu einer gemeinsamen Diskussion über Praxis und Theorien, über politische Ansprüche und ein feministisches Selbstverständnis zu vereinen, war die Intention des round table-Gespräches.

Wir haben Feministinnen eingeladen, die in unterschiedlichen Mädchen- und Frauenbildungsbereichen tätig sind, um Gemeinsamkeiten und Widersprüche in der jeweiligen Arbeit herauszufinden, um den Begriff der feministischen Bildung konkreter fassen zu können und um über die politische Dimension unseres Tuns zu reflektieren.

Vier Fragenblöcke leiteten die Diskussion ein: Gestellt wurden sie jeweils an zwei Expertinnen, die in ähnlichen Arbeitsfeldern tätig sind. Zu erwähnen bleibt, daß alle der eingeladenen Frauen über vielfältige und langjährige Erfahrungen verfügen und die Zuordnung zu den thematischen Blöcken aufgrund der aktuellen Arbeitsschwerpunkte erfolgte.

1. MÄDCHENBILDUNG

Fragestellungen:

1. Die Bildungs- und Qualifikationsoffensive von Frauen hat die gesellschaftlichen Machtverhältnisse nicht wesentlich verändert. Da gesellschaftliche Arbeits- und Lebensbedingungen kaum in Frage gestellt wurden, ist es auch erklärbar, daß Frauen ihre besseren Schulerfolge und höheren Qualifikationen politisch nicht wirklich umsetzen konnten. Muß also ein feministischer Bildungsansatz nicht immer eine Veränderung von Machtverhältnissen im Auge haben? Was aber bedeutet das konkret für Eure Bildungspraxis?

2. Reflexion des Lehrerin-Schülerin-Verhältnisses: Wie geht ihr mit weiblicher (inhaltlicher) Autorität und (emotional) mütterlicher Funktion, mit sozialen Unterschieden und dem Machtgefälle zwischen Frauen bzw. zwischen Frauen und Mädchen um, von dem etwa auch das Affidamento-Konzept ausgeht?

Irene Besenbäck (Verein EfEU, AHS-Lehrerin):

Die Schere zwischen Qualifizierten und Nicht-Qualifizierten wird immer größer und die Bereiche der Qualifizierung sind nach wie vor geschlechtsspezifisch geteilt.

Bei Ausbildungen wäre darauf zu achten, daß Mädchen in gut bezahlte Bereiche gehen. Gleichzeitig geht es um die Wünsche der Mädchen, auch in welche Strukturen sie sich nicht hineinbegeben wollen.

Sie sollten sich mit ihrer Berufswahl bewußt auf gesellschaftliche Verhältnisse einlassen, also die Zusammenhänge von Produktion und Reproduktion erkennen lernen, ebenso die historische Dimension und somit die Veränderbarkeit dieser Verhältnisse.

Innerhalb der Koedukation sind Freiräume für Mädchen zu schaffen, was eine Sensibilisierung von Lehrer/innen für geteilte Gruppen voraussetzt. Ich selbst habe mich als Lehrerin oft auf Mädchen bezogen, die aus der »typischen Mädchenrolle« austreten, weil ich selbst so war. Problematisch ist nur, daß damit ev. neue Normen aufgestellt werden. Als Lehrerin versuche ich, eine Identifikationsfigur zu sein, die aus dem weiblichen Rollenverhalten aussteigt, z.B über Sprache.

Ruth Devime (Feministische Mädchenschule »Virginia Woolf«, fem. Erwachsenenbildnerin):

Machtverhältnisse und mütterliche Autorität stehen in einem Zusammenhang. Bei der Änderung von Machtverhältnissen sind die Beziehungen zwischen Frauen bzw. zwischen Mädchen und Frauen das Hauptproblem. Bei allen Podiumsdiskussionen etwa, zu denen ich eingeladen werde, bin ich immer die erste und wär's auch heute gewesen. Das hat den Gestus von »erst die Mädchen und dann kommen wir zum Wesentlichen«.

Gestern war ich von Schul- und Bundesschulsprecherinnen in Salzburg eingeladen. Das sind Mädchen mit einem lebendigen Interesse an sich selbst, viele sind politisch organisiert, aber sie stehen in keiner Verbindung zur Frauenbewegung. Sie fangen also wieder von vorne an. Auch heute ist kein Mädchen hier eingeladen. Solange wir die Beziehungen zwischen Frauen und Mädchen nicht in eine politische Form bringen, sehe ich keine Änderung der Machtverhältnisse.

Zu der Problematik der mütterlichen Autorität denke ich, daß jedes Mädchen viel tun wird, um geliebt zu werden: Bevor konkrete Anforderungen formuliert werden, erfüllen sie die Mädchen schon. Diese Dynamik ist bei großen Frauen noch viel schlimmer, Mädchen steigen aus diesen Verhältnissen schneller aus. Diesbezüglich könnten große Frauen von Mädchen sehr viel lernen – das passiert aber nicht.

2. BERUFLICHE QUALIFIKATION

Fragestellungen:

1. Zum Spannungsbogen von Bewußtseinsbildung und beruflicher Qualifizierung bei der Vermittlung von Qualifikationen in der Berufsorientierung: Gibt es eine unaufhebbare Bildungsdialektik zwischen Disziplinierung / Normalisierung / Anpassung einerseits und Aufklärung / Selbstbewußtsein / Befreiung andererseits?

2. Beide Projekte haben als Initiative von und für Frauen begonnen. In diesem Bereich sind Kompromisse erforderlich, etwa entsprechend den Forderungen der Geldgeber. Was wurde aus den einstigen Ansprüchen, welche Erfahrungen positiver und negativer Art gibt es im Umgang mit diesen Spannungsfeldern?

Manuela Vollmann (ABZ Meidling, Fortbildung für Lehrerinnen):

»Bildung gilt gemeinhin als soziale Errungenschaft – aber Bildungspolitik für Frauen ist auch Politik gegen Frauen, gegen die mittel- und langfristigen Interessen von Frauen.« (M. Fischer-Kowalski)

Es wird immer mehr bewußt, daß Bildung ein Herrschaftsinstrument war und ist – also ist Bildung per se nicht zur Brechung von Machtverhältnissen geeignet.

Die Intention des Projektes ABZ Meidling ist die Sicherung der Existenz von Frauen durch Höherqualifizierung im Büro- und Kaufmännischen Bereich. Das sind keine Qualifizierungskurse, sondern Schulungen im Rahmen von normalen Dienstverhältnissen.

Zu uns kommen Wiedereinsteigerinnen, um einen Job zu finden, der ihre Existenz sichert. Sie sollen lernen, ihre Chancen am Arbeitsmarkt zu erkennen und zu durchblicken und die Positionen zu erreichen, die sie wollen. Unsererseits bemühen wir uns um Achtung, Schätzung und Unterstützung ihrer Erwartungen. Ansonsten – gemäß den Erfahrungen des ersten Projektjahres – fühlen sich die Frauen um ihre Erwartungen betrogen. Das heißt, es geht um ihre, nicht um unsere Erwartungen. Dennoch ist uns das Durchblicken der gesellschaftlichen Strukturen wichtig. Das passiert nicht in den Fachtrainings, denn da versuchen wir neue Methoden der Didaktik zu entwickeln.

Das ABZ Meidling ist von Frauen in guten Positionen geprägt, d. h. wir als Schlüsselkräfte fungieren als Identifikationsbilder. Wir nehmen nur Frauen mit feministischem Bewußtsein auf – das ist zwar nicht leicht abzuschätzen, aber dennoch ein Auswahlkriterium.

Auch in der Lehererinnenfortbildung halte ich nichts von Missionierung, denn das wäre eine Instrumentalisierung für meinen Machtkampf. Den führe ich zwar jeden Tag, aber an anderen Stellen, bei Finanziers, in der Wirtschaft, etc.

Wir sehen den Erfolg unserer Arbeit in der Dynamik des Lernprozesses, denn Probleme, die in der Arbeit mit den Frauen entstehen, machen Veränderungen möglich. Das ist kein Plädoyer für eine »laissez faire«-Pädagogik, sondern der Umgang mit Widersprüchen im Alltag. Daraus soll Handlungskompetenz resultieren.

Hedi Presch (Verein Alfa, Berufsorientierung für Frauen):

Was aus den Ansprüchen wurde? Ein Frauenprojekt, in dem wir – auch für uns – Akademikerinnen-Arbeitsplätze geschaffen haben.

Bildung ist ein Herrschaftsinstrument, doch vieles, was als Druck von außen behauptet wird, z. B. Professionalisierung, sind auch unsere eigenen Normen und Karrierewünsche. Eine Verabschiedung vom Opferstatus ist notwendig, denn auch die Sichtweise, daß wir Opfer des Arbeitsmarktes sind, ist eine Rechtfertigung, die zu kurz greift.

Elisabeth Eckart (Verein Alfa, Berufsorientierung für Frauen):

Es ist tatsächlich eine Gefahr, im Zuge der Professionalisierung die Betroffenen aus den Augen zu verlieren. Aber wir haben diese Problematik noch im Auge, denn mit Frauen vom Land zu arbeiten, ist ein vehementer Unterschied zur Stadt.

Wenn Bewußtseinsbildung passiert – und Bewußtseinsbildung muß passieren, wir machen sie nicht – entsteht ein Schutzraum für weiblichen Erfahrungsaustausch, für Bezugnahme aufeinander.

Die Tendenz, von persönlichen Defiziten auszugehen, herrscht vor. Das ist problematisch und stimmt nicht mit unseren Erfahrungen überein, denn die Frauen sind hochmotiviert und haben starke Bildungswünsche.

Bewußtseinsbildung kann in solchen Kursen nur angerissen werden und eine verstärkte Zusammenarbeit mit anderen Projekten auf breiterer Basis, etwa der Frauenberatung, wäre gut, denn ein Rahmenprogramm während eines Kurses könnte auch Defizittheorien entgegenwirken.

3. BERATUNG UND GRUPPENARBEIT

Fragestellungen:

1. Wenn feministische Bildung als politische Praxis verstanden wird, der es mehr um die Vermittlung von politischen Grundhaltungen, Einsichten in Zusammenhänge, sozialen Fähigkeiten und politischer Handlungsfähigkeit geht als um abstrakte Wissensvermittlung – wo stellen sich konkret Probleme mit der Weitergabe und Entwicklung von Kompetenzen?

2. Reflexion des Lehrerin-Schülerin-Verhältnisses: Wie geht ihr mit weiblicher (inhaltlicher) Autorität und (emotional) mütterlicher Funktion, mit sozialen Unterschieden und dem Machtgefälle zwischen Frauen bzw. zwischen Frauen und Mädchen um, von dem etwa auch das Affidamento-Konzept ausgeht?

Beide Fragen wären in Bezug zur Arbeit mit einzelnen und zu Gruppen zu überlegen.

Agnes Büchele (Frauenberatung, Lektorin Universität Wien):

Zwei Beispiele zum Statement von Ruth Devime: Junge Frauen, die die Matura hinter sich hatten, wurden zum Feminismus befragt. Es fielen ihnen ~~nach~~ langem Denken Simone de Beauvoir, Alice Schwarzer und Abtreibung ein.

Als feministische Universitätslektorin befinde ich mich immer in einer Out-Position. Einige Studentinnen sind sehr selbstbewußt und feministisch »gebildet«, auch wenn die Mehrheit desinteressiert ist. Ich denke, daß wir auf manchen Schienen viel erreicht haben (etwa Arbeitsplätze für uns selber) und Frauenbewußtsein heute anders präsent ist, nur geht diese Präsenz nicht in die feministische Analyse ein. Vielen ist heute ihr Selbstbewußtsein selbstverständlich, wobei sie gleichzeitig die

Benennung »feministisch« als bedrohlich empfinden. Diese Frauen definieren sich dann eher darüber, so gut wie die Männer zu sein.

Zu meinen Vorrednerinnen denke ich, daß jegliches Defizitdenken fatal ist, aber es gibt viele Defizite. Beide Realitäten müssen gesehen werden.

Die Arbeit in männerdominierten Institutionen ist frustrierend: Männer begreifen sehr schnell, wenn es – auch kritisch – um ihre Männlichkeit geht. Frauen hingegen brauchen extrem lange, bis sie kapieren, daß sie als Frauen diskriminiert werden. Männer spielen ab dem »Startschuß« ums Gewinnen – den Frauen geht so etwas wie Fußballspielen ab, wo es um Teamarbeit und ums Gewinnen gleichzeitig geht. Das wäre eine wichtige Erfahrung für Frauengruppen.

Auch in den Einzeltherapien gilt der feministischer Grundsatz, daß die Frauen Expertinnen für sich selbst sind. Manchmal stelle ich mich bewußt als Prellwand zur Verfügung und fordere die Frauen heraus. In diesem Zweier-Setting zu arbeiten hat für mich auch das Ziel, in Richtung Gruppe zu gehen. Denn dort findet – trotz Machtkonflikten und Streit – eine Bewegung zwischen den Frauen im Sinne des Gewinnens und des Team-Gedankens statt.

Renata Fuchs (*F*RAUEN*h*etz, Zentrum für Beratung, Krems):

Mir ist wichtig – und das ist auch schwierig – die Frauen, mit denen ich arbeite, in ihrem So-Sein ernst zu nehmen und ihnen Wert zu geben (in der Zweier-Arbeit sowie in Gruppen). Das ist die Basis des Feminismus. Die Weitergabe von Kompetenzen ist die Folge davon. Zunächst geht es darum, die eigenen Fragen und die der Frauen ernst zu nehmen. Insofern muß Bildung nicht notwendig ein Herrschaftsinstrument sein, sondern kann dazu werden, und das hängt vom jeweiligen Kontext ab.

Einzelberatungen sind auch für mich das Vorfeld, um in die Gruppe zu gehen. Individualisierung oder Verbündungen mit Männern passieren oft in der Öffentlichkeit, und das ist eine Gefahr. In den unsichtbaren Bereichen hingegen (etwa in der Familie) verbünden sich die Frauen dann miteinander.

Jeder Bereich muß politisch gefaßt werden: Es geht immer um Macht, also um die Beziehungen der Frauen zueinander. Ich sehe mich als eine, die Raum und Reflexionsvermögen (auch in Gruppen) gibt, weniger als Lehrerin einer Schülerin gegenüber. Wichtig ist, auf einer Reflexion der eigenen Tätigkeit innerhalb eines gesellschaftlichen Kontextes und im Kontext der Beziehungen zueinander zu beharren.

In gemischten Gruppen ist es wichtig, andere Frauen in ihren Auseinandersetzungen zu unterstützen, Verbindungen der Frauen haltbarer zu machen, denn das findet zu wenig statt.

4. FEMINISTISCHE ERWACHSENENBILDUNG

Fragestellungen:

1. Was könnten Konzepte feministischer Bildung im Gegensatz zu Frauenbildung sein? »Von Frauen für Frauen« versus »feministisch-politisch«?

2. Die Bildungs- und Qualifikationsoffensive von Frauen hat die gesellschaftlichen Machtverhältnisse nicht wesentlich verändert. Da gesellschaftliche Arbeits- und Lebensbedingungen kaum in Frage gestellt wurden, ist es auch erklärbar, daß Frauen ihre besseren Schulerfolge und höheren Qualifikationen gesellschaftlich und politisch nicht wirklich umsetzen konnten. Muß also ein feministischer Bildungsansatz nicht immer eine Veränderung von Machtverhältnissen im Auge haben? Was aber bedeutet das konkret für Eure Bildungspraxis?

Lisa Fischer (Verband Wiener Volksbildung, fem. Erwachsenenbildnerin):

Die Stärke der Frauen, als Paradigmenwechsel hin zu eigenständigen Positionen gegen das und mit dem System, liegt in der gegenseitigen Bezugnahme aufeinander. Dieser Paradigmenwechsel impliziert feministische Analyse der Verhältnisse.

Ein Beispiel zur Bindung zwischen Frauen war ein Erlebnis mit einer ORF-Moderatorin, wo in einem Interview – auf feministische Perspektive bezogen – ohne vorherige Absprachen Solidarität da war.

Die Hinterfragung des Begriffes »Leistung«, weg von einem produktorientierten Kreativitätsbegriff (Warenfetisch etc.) hin zu einem systemischen, überschreitet Defizittheorien und paßt eher zu weiblicher Produktivität.

Birge Krondorfer (*F*RAUEN*h*etz, Lektorin Universität Wien, Innsbruck, Linz):

Ich sehe Möglichkeiten und Übereinstimmungen, aber auch große Differenzen in den Bereichen *F*RAUEN*h*etz, Universität und Volkshochschule: Ich sehe mich je nach Kontext als »Durchlauferhitzer«: Auf der Universität etwa, die eine Organisationsform ist, die monokratisch vermittelt und sich selber nicht reflektiert: in Bezug zum Geschlechterverhältnis, zu gesellschaftlichen Positionen und in Bezug zu Bildung.

Feminismus ist mehr als die Summe der Teile aller Frauen – ein politisches Verständnis ist schon inbegriffen. Was ich auf der Universität versuche – mit Männern und Frauen – ist, die Selbstreflexion mit der Theorie zu verbinden. Der Ansatz ist, in die Arbeit an Texten konkrete Menschen und ihren Bezug zu den Texten miteinzubeziehen. Über sich selbst nachzudenken, löst Verunsicherung aus, nämlich sich selbst einzubringen und nicht nur einer Autorität, einer »Meisterin«, gegenüberzusitzen. Spannend ist, aufzugreifen und zu spiegeln, was da kommt.

Das ist ein Selbstaufklärungsanspruch in der Tradition der Aufklärung: Sich selbst plus Selbstverständnis und Weltverhältnis reflektieren zu können, unterläuft die Herrschaftsverhältnisse. Denn die kleinste politische Einheit ist jede Person.

Die *F*RAUEN*h*etz ist im Gegensatz dazu als Ort mit den vorgesetzten Widersprüchen nicht belastet, sondern ermöglicht durch geschlechtliche Homogenität Gesellschaftspolitik von den Frauen (die politische Privatiers waren) aus. Deshalb geht es um politische Souveränität und darum, Lernprozesse für sich selbst und für andere Frauen zu eröffnen und zu vermitteln. Auf inhaltlicher Ebene ginge es darum, Feminismus nicht zu einem der »-ismen« verkommen zu lassen, sondern Wissen als Theorie und als Erfahrungswissen (der Zweiten Frauenbewegung) nicht nur auf abstrakter Ebene, sondern mit allen Emotionen zu vermitteln, und das auf die Ebene der Politik hin zu beziehen.

ANSCHLIEßENDE DISKUSSION

Der Wunsch nach verbindlichen Definitionen:

* Eine öffentlich vermittelbare Definition des Begriffes »Feminismus« und der Ziele der Frauenbewegung wäre – wie für jede politische Bewegung – wichtig: Für die Information und Orientierung interessierter Frauen, um mit Phantasien und Mißverständnissen umzugehen, und um Feminismus nicht unter der Frauenministerin zu subsumieren.

* Das Bedürfnis nach Orientierung ist verständlich. Das Politische am Feminismus kann aber eher über Beispiele vermittelt werden als über verbindliche Definitionen (vergleiche Bürgerrechtsbewegungen), was auch in den Konsumgesetzen und im Verlauf des Politischen begründet liegt.

* Der Begriff des Feminismus ist für viele mit Angst konnotiert, und diese Angst verschwindet nicht mit den Definitionen.

Feminismus ist ja eine Kampfansage und fordert eindeutige Positionsbestimmungen.

* Es ginge weniger um eine eindeutige Definition als um öffentliche und mediale Präsenz der Frauenbewegung.

* Es gibt den Feminismus nicht, es geht um Auseinandersetzungsfelder. Die Welt ist weder Fußballfeld noch Mädchenspielwiese. Das Patriarchat ist kein System, in das Frauen einfach einsteigen können, sondern es ist weiblicher Alltag, Verfolgte zu sein – das kulminiert, wie jetzt, in Serbien. Frauen als Täterinnen und Kollaborateurinnen sind ein kleiner Bereich, die Machtverhältnisse im Bewußtseinsbildungsgebiet sind jedoch enorm. Es bräuchte Mut, um sich darüber auseinanderzusetzen, wie wir als Frauen miteinander umgehen. Zwischen Widerstand und Ausgrenzung sind noch viele Detailfragen offen.

* Eine Möglichkeit wäre, Feminismus in der Vielfalt seines Begriffes in die Öffentlichkeit zu bringen, denn Feminismus ist in der Öffentlich-

keit bereits negativ benannt. Es geht also um eine neuerliche Besetzung des Begriffes.

Machtverhältnisse:

* Es gibt massive Unterschiede zwischen 9- und 5-jährigen Schülerinnen einerseits und zu den Betreuerinnen andererseits. In einer Spielsituation müssen, ausgehend von den Unterschieden (von den Kenntnissen von Schrift, Sprache, körperlichen Fähigkeiten etc), gemeinsam neue Regeln gefunden werden. Jenseits von Gewinnen geht es also um das Ausbalancieren in der Gruppe. So sind gemeinsame Gewinne möglich.

* In der Metapher des Fußballspielens stecken Leidenschaft, Zusammenhang und Bewegung. Frauen müssen lernen, sich aneinander zu messen.

* Die Lebendigkeit der Auseinandersetzung liegt im Team und nicht in der öffentlichen Anerkennung. Das Tor (und die Anerkennung des Torschützen als Einzelnem) sollte nicht den Wertmaßstab darstellen.

* Die Metapher des Fußballspieles auf Frauen-Gruppen zu beziehen stellt diese als weibliches Abklatschbild des Männlichen dar. Das paßt so gesehen nicht. Auf Bildung bezogen geht es um Inhalte, also um Sichtweisen auf Politik, etc. Die Schwierigkeit, als Autorität Frauen ernst zu nehmen und gleichzeitig Inhalte zu vermitteln, ist zentral. Das Ernst-Nehmen bestätigt ja auch die schiefen Verhältnisse, und das Beibringen birgt die Gefahr, Frauen in etwas hineinzudrängen. Das bedeutet eine Verschränkung und männliche Konnotation von Gesellschafts-, Organisations- und Denkform.

Ausbildung ist immer Anpassung an vorherrschende Modelle. Die Moderne und Postmoderne reproduzieren diese Verhältnisse (Frauenausschluß etc.). Wollen wir – aus einer kritischen Perspektive – die Frauen wirklich da einpassen? Zentrale Fragen wie: Was heißt Arbeit, Bildung etc.? gehen ab. Geld, Flexibilität und Entpolitisierung – bis hin zum Begriff von Leben – sind auch in diesem Zusammenhang zu reflektieren und gedanklich mit Ausbildung und Frauen zu verbinden sowie mit Fragen nach Funktion und Sinn dessen im Zusammenhang zu Systemunterstützung.

Frauenbildung – feministische Bildung – Politik – Subversion:

* Über den feministischen Aspekt der Unterstützung von Frauen hinaus müßten Frauenbildung und feministische Bildung differenziert werden. Politische Bildung wäre Infragestellung vorherrschender Definitionen im Gegensatz zu Unterstützung der herrschenden Verhältnisse. Die Verortung im autonomen Zusammenhang geschieht nur sporadisch.

* Die Virginia Woolf-Schule ist im autonomen Frauenzentrum verortet. Die informellen Beziehungen unter Frauen und Projekten sind – trotz Mangels an Macht und Geld – vorhanden. Wie sind diese politisch zu machen bzw. zu benennen?

* Es ist eine Frage der Strategien, die kritische Arbeit der Projekte zu veröffentlichen.

* Die Geldgeber sind über unsere Arbeit informiert und beschneiden das Geld so und so. Andere hingegen erfahren nie von unserer Arbeit.

* Die Frage der Verwirklichung der eigenen Ansprüche bleibt.

* Die vermeintliche Selbstbestimmung ist die Attraktion unserer Arbeit. Realiter aber nimmt zur Zeit die Jagd nach Geld überhand.

* Zur Reflexion der Kontinuität und Änderung der Verhältnisse helfen feministische Analysen. Subversion wäre eine mittelfristige Strategie.

* Öffentliches Sprechen und Strategien sind kontextabhängig. Als politische praktische Arbeit ist es in jedem Fall wichtig, an die Öffentlichkeit zu gehen.

* Demokratie wird schleichend außer Kraft gesetzt, jeder Zipfel von Öffentlichkeit muß erkämpft werden. Das Revolutionärste ist noch immer, zu sagen, was ist. Die ständige »Mundtot-Mache« wegen öffentlichen Förderungen strengt an und macht unsichtbar. Die Bedeutung der Finanzen und die Widersprüche der gut bezahlten Jobs scheinen unlösbar. Die Differenz zwischen feministischer Arbeit, (Projekte-)Per-

spektiven und quotenfixierter Partizipationsbürokratie muß theoretisiert und politisiert werden. Wie ist hier mehr Geld zu bekommen?

* Ein Widerspruch ist es, institutionskritisch in der Ausbildung mit Frauen zu arbeiten, denn Frauen arbeiten dann in Institutionen. Politikerinnen wie Dohnal sind sichtbare Beispiele dafür und wir sind unsichtbar. Enorm wichtig bei feministischer Bildung ist der Zusammenhang von Wissen und Weiblichkeit. Eine große Leistung von feministischer Bildung ist es, als Frau das Kriterium zu sein.

* Meine Erfahrung ist, daß subversive Elemente der Bildungsarbeit (z. B. das Ernst-Nehmen der Frauen, einen Austausch zu ermöglichen) nur mehr in Bezug zur Offenlegung den Geldgebern gegenüber diskutiert wird. Das ist zu wenig für Subversion.

ABSCHLIEßENDE REFLEXIONEN

Die Notwendigkeit weiblicher Freiräume war unter den Diskutantinnen unbestritten. Sie bilden die Voraussetzung dafür, soziale Lernorte für Frauen zu schaffen, um gegenseitiges Ernstnehmen bzw. Sich-Wert-Geben zu praktizieren und den Austausch verschiedener Lebenskonzepte zu ermöglichen.

Übereinstimmung herrschte auch in Bezug auf den Erfolg, qualifizierte Arbeitsplätze für Feministinnen im Bildungsbereich geschaffen zu haben. Die daraus resultierende Frage nach den Möglichkeiten der Selbstbestimmtheit dieser Arbeitsplätze wurde widersprüchlich diskutiert. Denn sobald finanzielle Abhängigkeiten im Spiel sind (wie kurzfristig auch immer), stellen sich Fragen nach den Strategien im Umgang mit dem Spannungsfeld Anpassung/Befreiung.

Selbstbestimmung bezieht sich in diesem Zusammenhang sowohl auf Form und Inhalt der Vermittlung als auch auf die Verortung in unterschiedlichen Kontexten (Zusammenarbeit mit anderen Projekten, Institutionen, Geldgebern). Wenn der Umgang mit Öffentlichkeit und mit subventionsgebenden Stellen thematisiert wird – und dies geschah ansatzweise – sind politische Positionierungen gefordert. Daß dies in der Diskussion nicht wirklich gelungen ist, muß hier erwähnt werden.

Feministische Bildung hat mit dem Herstellen von Handlungsfähigkeit zu tun. Besser mit den subjektiven und objektiven Widersprüchen umgehen zu lernen, ist Ziel jeder feministischen Bildungsarbeit. Ob der Ansatzpunkt nun eher bei der individuellen Handlungsfähigkeit liegt oder sich sofort auf Kollektivität bezieht, machte den Unterschied in der Herangehensweise aus. Auf beiden Ebenen ist die Bedeutung von Handlungsfähigkeit jedoch an ein reflektiertes Umgehen mit ihnen gekoppelt. Einigkeit herrschte darüber, daß es um eine Überwindung des defizitären Ansatzes (Frauen als Mängelwesen) gehen muß, um die eigene Kreativität und Produktivität anzuerkennen.

Wesentlich ist die Weitergabe der Traditionen und Analysen der Frauenbewegungen an junge Frauen und Mädchen, die vieles nicht wissen und sich vom Begriff »Feminismus« bedroht fühlen. Die Veränderung herrschender Machtverhältnisse im Sinne des Erlangens weiblicher Machtpositionen ist nicht zu trennen von einer Auseinandersetzung über die Generationen hinweg. Darüber hinaus gibt es differente Einschätzungen der Kontinuität und Haltbarkeit der Verbindungen »großer und kleiner« Frauen.

Bei den Bedürfnissen der Frauen anzusetzen, impliziert Wertschätzung weiblicher Gegenwart und der sozialen Beziehungen unter Frauen. Fraglos ist, daß gegenseitige Wertschätzung und Wahrnehmung der Kompetenzen zentral für feministische Bildungsverläufe sind. Als widersprüchlich wurde hingegen die Dialektik von Bewußtseinsbildung und Affirmation eines »So-Seins« benannt: Ungebrochenes Ernst-Nehmen könnte Verhältnisse bestätigen, auf deren Änderung feministische Politik abzielt.

Ob feministische Bildung auch als Herrschaftsinstrument fungiert oder in generellem Widerspruch zu Machtverhältnissen steht und subversiv wirken kann, blieb offen. Nachdem Bewußtseinsbildung als zentrale Kategorie formuliert wurde, gilt es, Kategorien und Werte zu artikulieren, die sich nicht ungebrochen an herrschenden und männlichen Maßstäben orientieren und doch geeignet sind, Frauen auch im Sinne gesellschaftlicher Machtaneignung handlungsfähig zu machen.

Renata Fuchs, Birge Krondorfer

EIN SEMINAR

Enttäuschen inzwischen die Formen und Strukturen auch wohlgemeinter Projekte und Veranstaltungen die feministisch-politischen Inhalte? Und inwieweit trägt dies zur Tabuisierung der Machtverhältnisse bei?

Anlaß für das Seminar war unser Anliegen, in einer Runde von 'Fach'frauen und Interessentinnen, den Zusammenhang zwischen Bildung und Macht zu diskutieren. Wir versuchen eine Zusammenfassung des Besprochenen, die in etwa eine Chronologie des Ereignisses spiegelt. Wie die Leserin feststellen wird, sind wir nicht direkt bei der gestellten Frage geblieben, sondern schnell zu der Problematik der gegenwärtigen Stellung autonomer Feministinnen gelangt; in der Bedeutung von Reflexionen der uns zunehmend befremdenden Umgebungen wie unserer selbst. Obwohl es implizit dauernd um Vermittlungsverhältnisse ging, wurde Bildung nur kurz gestreift. Dies wird in einem eigenen kleinen Text nachgefügt.

Es scheint selbstverständlich, daß Frauen, die als Lehrende in Bildungsinstitutionen arbeiten, implizit diese Institution legitimieren und somit auch die Hierarchie und die Ausschlußverfahren, die diese vorgibt. Und zwar sowohl auf einer Beziehungsebene: Verhältnis Lehrende – Lernende, als auch strukturell: Zugang zur Institution, Kriterien für Beurteilungen und Abschlüsse (Zeugnisse), organisatorisch: Arbeitsteilung innerhalb der Institution und inhaltlich: das zu vermittelnde Wissen betreffend.

Aber auch Frauenbildungsprojekte sind mit der Frage der Legitimation konfrontiert.

Nachdem sie nicht durch Beiträge der Teilnehmerinnen finanziert werden können, sind sie auf Subventionen und auf ArbeitsMarktService-Förderung angewiesen. Solch staatliche Finanzierung ist immer mit Aufträgen bzw. Bedingungen verbunden, die sich auf alle oben genannten Ebenen auswirken.

Dabei läßt sich feststellen, daß die Frage nach der Veränderung des ursprünglichen feministischen Anliegens durch den Arbeitsalltag und die Politik der Geldgeber kaum diskutiert wird – und zwar weder in den Projekten selbst, noch innerhalb einer feministischen Öffentlichkeit. Das ist weiter nicht erstaunlich, denn meistens ist das 'fund-raising' derart aufwendig, daß für anderes wenig Zeit bleibt. Frauenförderung als Ziel staatlicher Politik ist zwar in aller Munde, aber kosten soll sie nichts.

Im Unterschied zu anderen Frauenbildungsprojekten befindet sich die *F*RAUEN*h*etz in einer paradoxen Situation: Wir können es leisten Fragen zu stellen, die sonst unter den Tisch fallen, weil wir uns unsere Gehälter nicht leisten können.

SOZIALFORMEN UND ÖFFENTLICHKEIT

Anhand des Beispiels vom Fußballteam, das Agnes Büchele am Vorabend als Metapher eingeführt hatte, ging es um die Frage, wieso es Frauen so schwer fällt, durch Zusammenarbeit und durch Konkurrenz ein gemeinsam formuliertes Ziel zu erreichen.

Autonome Frauengruppen kennzeichnet vor allem der Wunsch nach Egalität und die Schwierigkeit der Arbeitsteilung – alle sind gleich und alle machen/können alles.

Das Ziel heißt Frauen für Frauen und bleibt darüberhinaus meist diffus – außer es wird durch Geldgeber vorgegeben.

Im Unterschied zu Frauen üben Männer schon von Kindheit an, sich innerhalb sozial-öffentlicher Strukturen zu bewegen. Bezeichnend für diese Strukturen ist ein klares Ziel, Arbeitsteilung, eine Rangordnung und durch Regeln bestimmte Zusammenarbeit. Innerhalb solcher Strukturen wird die Initiation der Buben in die Gesellschaft, Öffentlichkeit und gleichzeitig in den Männerbund vollzogen. Sie lernen dabei ihre persönlichen Interessen einem gemeinsamen Ziel unterzuordnen und selbständig Ziele zu formulieren. Sie lernen sich aneinander zu messen, zu gewinnen und zu verlieren. Und sie lernen ihre Gefühle zu verbergen.

Die Initiation der Mädchen hingegen ist eine Initiation ins Private, die durch die Defloration eingeleitet wird. Die Koedukation in den Schulen hat sich als unzureichendes Mittel herausgestellt, um diese unterschiedliche Sozialisation von Buben und Mädchen zu verhindern. Für die Frau ist der Mann, der sie gewählt hat, die Eintrittskarte in die Gesellschaft und damit gleichzeitig in die Privatheit des Eigenheims.

Die Ziele der Zusammenarbeit zwischen Frauen betreffen üblicherweise ihre Männer, ihre Kinder oder andere Bedürftige. Ihre Konkurrenzen am Liebes- und Arbeitsmarkt müssen das Ziel haben, einen Mann auf sich aufmerksam zu machen und kennen keine Regeln.

Der Umgang der Frauen untereinander ist traditionell emotional und von Familienstrukturen bestimmt. Sie haben keine Erfahrung in der Kooperation mit Frauen unterschiedlichen Alters in öffentlichen Situationen – selbst in karitativen Organisationen, die vor allem von Frauen getragen werden, ist der Überbau ein Männerbund (Kirche:Papst, Pfarrer und Religion: Gottvater, Sohn und heiliger Geist).

Wir waren uns einig, daß die Übernahme von 'männlichen' Teammodellen für Frauen prekär wäre. Als Möglichkeit diskutierten wir das Erfinden von eigenen Regeln, unter der Voraussetzung eines nützlichkeitsbezogenen Umgangs damit – und viel Geduld beim Ausprobieren.

ENTGRENZUNGEN UND VERENGUNGEN

Als rückblickend mißlich bzw. widersprüchlich effektiv erweist sich ebenso die ursprünglich von der Frauenbewegung geforderte Einsicht, daß das Private politisch sei.

Die Erregung, die dieser Satz verursachte, entsprach umgekehrt proportional der bis dahin unterschlagenen weiblichen Arbeit im Hintergrund, welche doch die Basis für Öffentlichkeit und politische Repräsentation darstellt, die sich als neutral gebärdet, hingegen verdeckt männlich determininiert war und ist. Bisher unwesentliche Tätigkeiten, selbstverständliche Voraussetzungen für das 'freie Spiel' der von der Privatsphäre Entlasteten, sollten in das Licht der Öffentlichkeit treten und als wichtig anerkannt werden. Die ausgesprochene Einbeziehung lebensweltlicher Voraussetzungen konnte die gegenseitige Abhängigkeit des privaten und des öffentlichen Raums und ihre 'herrkömmliche' geschlechtsunterschiedene Besetzung thematisieren und zum Politicum machen.

Die Entwicklung der historisch-soziologischen und philosophischen Erkenntnis einerseits und diejenige der polit-ökonomischen Praxis andererseits hat ergeben, daß eine derartige Dichotomisierung nicht nur theoretisch nicht zutrifft, sondern als 'aufgehobene' Prakteologie auch ökonomisch trefflich verwertbar wird. Foucault beispielsweise hat darauf hingewiesen, daß Macht nicht nur Eigenschaft einer hierarchisierten Öffentlichkeit ist, sondern bis in den letzten Winkel jedes Privatimen funktioniert, jeden Körper durchzieht und alles disponibel macht. Dem entspricht inzwischen die faktische Möglichkeit technischer Entgrenzung, die eine Weltteilnahme medial visiert und Teilhabe fingiert. Das heißt, die auch nötige, weil schützende, Trennung von privater und politischer Sphäre wird zunehmend entmischt.

Diese 'Ganzheitlichkeit' hat auch Karriere im ökonomischen Bereich gemacht. Die wachsende Einbeziehung des 'ganzen' Menschen in(s) (Management) Betriebe, in Firmenlogistik, ähnelt fatal dem von uns mal gesetzten politischen Wunsch einer nach wie vor erstrebenswerten Untrennbarkeit von Beruflichem und Privatem, um sich in einer falschen Entfremdung positionieren zu können, die das Einsaugen durch hier Beruf und dort eigentliches Heim in eine interesselose und apolitische Unverbindlichkeit prolongiert und Fragen der Existenz an stellvertretendes Funktionärstum delegiert. Die einstmals gültige linke Entfremdungsperspektive forderte Teilrationalisierung; gegenwärtig zeichnet sich eine virtuell aussöhnende Deckung gesamter Bedürfnisse ins Betriebe (einzelner Betrieb wie gesamtes Getriebe) ab – um den Preis einer totalisierenden Rationalität: Erst ist der ganze Mensch drin und damit initiativ und produktiv und wird dann, nach umfassender Genutztheit, mit 44 gänzlich gekündigt. Auf einen Nenner gebracht lautet so gesehen die ökonomische Logik von Identität: dein ganzes Leben, aber nicht lebenslang.

Damit fallen auch die alten 'Kampf'vorstellungen flach: wo, wer sind die Anderen? Chefs im traditionellen Sinn gibt es ja tendenziell nicht mehr, Teamwork ist in, und bei umfassenden Kündigungen sind Vorgesetzte wie Arbeiter betroffen, wenn sie auch mit verschiedenen finanziellen Folgeerscheinungen zu 'rechnen' haben. Diese Modifikationen der Arbeitsbedingungen- und verhältnisse, die zunehmend Sicherheit gegen Flexibilisierung tauschen (müssen?), sind 'unglücklicherweise' attraktiv für viele Frauen: Sie wandern scharenweise in Bildungsinstitutionen, ins Sozialwesen und ins Personalmanagement. (Jedenfalls die, die (sich) das leisten können und abgesehen von der typischen weiblichen Besetzung gerade dieser Terrains.) Wobei diese 'weichen' Berufe ebenso wie die geforderte grenzenlose Flexibilität fügsam macht, aber wenig mehr für Selbstverfügungen übrig hat.

Bedingt auch durch die Absenz des/von Anderen/m, ist Identität zur Lotterie geworden. Die Absetzung von Meistern und anderen Absolutheiten hat kongruent Konjunktur in postfeministischen Theorien, die in Konsequenz jeglicher Identitätsbestimmung die Absage erteilen. Diese Reflexion einer nichtkohärenten Identität hat positive wie negative Folgerungen: Sie entzieht Vorstellungen und Anforderungen an weibliches so- und nicht anders Sein (können und dürfen) die Grundlage, bereitet aber den eingestanzten und wuchernden Auflagen des universellen und damit nun letztlich doch identitätslogischen ökonomischen Kalküls den Boden. Wozu noch Politik, wenn denn scheinbar alles möglich geworden ist.

ZUGEHÖRIGKEITEN UND ABGRENZUNGEN

Mit dem Mauerfall hat sich nicht nur viel Schutt angesammelt, auch der Müllberg ist gewachsen. 'Links' zu sein wirkt antiquiert und ein bißchen peinlich, Konzeptionen von Solidarität und Kollektivität konnten den Siegeszug des westlichen Individualismus mit seinem bunten Warenangebot nicht aufhalten.

Identität wird ästhetisch und nicht mehr politisch bestimmt – darunter leiden auch die Parteien, sie sind altmodisch und damit unattraktiv geworden.

Es gibt eine Vielfalt an Identitäten: sexuelle, geschlechtliche, ethnische, kulturelle … ; die Übergänge von einer zur anderen sind fließend und werden durch das Outfit sichtbar gemacht. Keine Diskussionen und Debatten – ein Blick reicht, und ich weiß wer du heute bist.

Die neuen 'Bewegungen' sind unvoreingenommen und konfliktscheu.

Man trifft sich in Szenelokalen, macht Umzüge und Bälle statt Demonstrationen – lifestyle mittels crossdressing. Der Eintritt und die Zugehörigkeit wird durch Konsumation geregelt – Einkommen vorausgesetzt. Haste was, dann kannst du es dir leisten, wer zu sein. Das Eintrittsgeld gewährt abstrakte Freiheit und bedingt indirekte Unterwerfung unter die Gesetze des Warenverkehrs.

Diejenigen, die sich diese neue Freiheit nicht leisten können, nehmen Zuflucht zum Fundamentalismus. Da geben Glaubenslehren und starre Strukturen Halt und Sicherheit – direkte Unterwerfung in direkter Kommunikation.

Das Vorbild ist Amerika. Als Land der Pioniere und unbeschränkten Möglichkeiten bietet es u.a. auch eine Vielzahl von fundamentalistischen Organisationen für Verlierer: von Sekten bis zu paramilitärischen Verbänden.

Die EU als das neue Europa braucht trotz des Anspruchs der Offenheit, Mobilität und Vernetzung legitimierte Identitätsnachweise – damit sich die Reichen gegenüber den Armen abschotten können. Nur die richtige 'Carte d'identité' ermöglicht ungehinderte Grenzüberschreitungen. Wo früher die Mauer den ersehnten Ausgang verhindert hat, kontrolliert jetzt der europäische Grenzschutz den Eingang und kassiert.

Es gibt eben doch Identitäten, die auch in der Ära der Postmoderne nicht so leicht auswechselbar sind: Nationalität, Hautfarbe, Geschlecht. Ihre Kennzeichen: Sie sind nicht selbst gewählt und sie sind Grund genug für den Ausschluß.

AUFLÖSUNGEN UND VERDICHTUNGEN

Selbst- und nicht gewählte Ein- und Ausschlüsse kennzeichnen den Verlauf der Frauenbewegungen. Als aus dem Naturbegriffs- und Kunstobjektstatus Entlassene, schwimmen Frauen (zumindest der postindustriellen Gesellschaften) in unterschiedlichen Suchdynamiken mit unbekanntem Ziel im Meer der Warenangebote. Die Ablösung alter starrer Identitäten durch tendenziell grenzenlose Ausdifferenzierungen im Innen des Systems macht die Behauptung einer feministischen Identität zum Problem von Grenze überhaupt: Wenn Identität, welcher Art auch immer, sich in Abgrenzung und Identifikation konstituiert, so ist derzeit, nach Abschaffung bzw. Differenzierung des Unterdrückungstopos, offen, wofür oder wogegen Frauenpolitik im allgemeinen und politischer Feminismus im besonderen sich (an)wendet.

Die Integration einiger weiblicher Forderungen, die 'nur' auf Mißstände reagier(t)en, zeitigt ein doppeltes Gesicht: die Anliegen, Ideologien und Aktivitäten sind analog der ökonomischen, technischen, medialen Entgrenzungen und Individualisierungen verbreitert und nivelliert, verdichtet und zerfallen (worden). Solidarische Kollektivität ist einem interessegeleiteten Lobbying gewichen, Trennendes (Konzentration auf persönliche Aufstiege) steht über Gemeinsamem (der nach wie vor realexistierenden weltweiten weiblichen Subposition), meetings ersetzen Begegnung – andere, auch Frauen, werden nach ihrem Tausch- und nicht nach ihrem Gebrauchswert kontaktet. Was bringt mir der und die, stimmt geneigter, als daß Schwierigkeiten, die eine mit ihrem Leben in dieser Welt hat, Zuneigung motivieren. Letzteres wird an für zuständig gehaltene und definierte Stellvertreterinnen in Politik und Psychoszene überantwortet.

Am Mangel, im Sinne seiner Auflösung, orientiert sind alle Bestrebungen: die anpassenden Strategien ebenso wie rebellische Beharrlichkeit auf Orte außerhalb. Was also wäre und ist das zu unterscheiden Besondere einer Nukleusidentität wie der *F*RAUEN*h*etz und ähnlichen Unternehmungen? Wie bestimmen wir unsere Kollektivität, wen lassen wir zu, was lassen wir aus? Wie ertragen wir die Widersprüchlichkeit von Exklusivität und (Anerkennungs- und finanziellen) Verlusten? Wie verhält es sich mit dem Wunsch nach Selbstinstituierung und dem Zugehörigkeitskriterium des 'wen man so kennt'? Gleichzeitig erscheinen die Bedingungen des Eintritts in die Kleinkollektive überhaupt nicht unschuldig und beliebig: un/ausgesprochene Anforderungen an Auseinandersetzungsintensität, emotionaler Belastbarkeit, polyphoner Arbeitsweisen und politisch-moralischer Verläßlichkeit sind – jenseits von Personalmanagementkatalogen – unerläßlich.

Um (widerständig) politisch zu arbeiten, bedarf es durch uns fixierter Rahmenbedingungen – aber wie lassen die sich selbstorganisiert neu bestimmen, wenn immer wieder so unklärbar ist, was gerade im Hinter/Untergrund werkelt: 'ich' im 'wir' und/oder 'wir' im sozialen Gehäuse? Wie läßt sich vermitteln, daß wir beides brauchen: ein diversifiziertes Tätigkeitsspektrum für jede Einzelne und eine Konzentration der Gruppe auf politisches Handeln an den Rändern, von einem Grenzpunkt aus.

In einer Zeit, wo Feministinnen – abgesehen vielleicht in Teilen der Universität, wo Frauen- und Geschlechterforschung sich als Fach etablieren will – eher zum Beschimpfungsreiz reichen, denn zu munteren und mutigen Aufbruchsvisionen beflügeln können dürfen, in dieser Zeit der Identitätsabschreibungen und -verluste ist der Versuch einer Aufrechterhaltung von autonomen Feminis(wo)men von außen betrachtet suspekt und von sich aus gesehen ein Selbstwagnis. Mehr als selbstironisch fragten wir uns, ob wir ungewußt in der Tradition so einer Art 'auserwählten Völkchens' uns bewegen, dessen Ort es nicht gibt. Eine Spezies, die sich postgenetisch fortpflanzt? Oder anders betont, wie checken wir unsere Beziehungen ohne die Sicherheit einer Genealogie jetzt und die schwierigen, da pausenlos erschwerten, Bezüge zu Hinkünftigen mit ähnlich herkünftigen politischen Wünschen?

FRAUENBEZIEHUNGEN UND AMBIVALENZEN

Eine Norm in Frauengruppen ist die Feststellung vom Mangel an Anerkennung, die frau sich gegenseitig gewährt – es ist immer zu wenig, um die hungrigen Mäuler zu stopfen (- liegt das daran, daß Mütter nachweislich ihre Töchter früher 'abstillen' als ihre Söhne?).

Die Scheu, diese Anerkennung unter Gleichen einzufordern oder sogar selbstverständlich zu erwarten – üblich ist eher die Klage im nachhinein – lassen Frauen schamlos fallen, wenn sie mit einer weiblichen Autorität, die nicht durch eine Institution legitimiert wird, konfrontiert sind.

Auctoritas bedeutet im Lateinischen Urheberschaft. Die Urheberin im Leben jeder Frau ist vorerst die Mutter. Ihre Aufgabe im doppelten Sinn – um Bedürfnisse befriedigen zu können, gibt sie notfalls eigene Interessen auf – wird unbewußt auf alle mächtigen Nachfolgerinnen übertragen. Ein schweres Erbe. Diese mögen dann den Mangel in der Bilanz wiedergutmachen. Falls sie dies verweigern, kann mit Aggressionen unterschiedlicher Art und Intensität gerechnet werden. Wobei dies durchaus auch als Positivum zu werten ist. Frauen wird frühzeitig (von ihren Müttern?) Aggressivität als 'nicht lady-like' abgewöhnt, und insofern macht es Sinn, wenn sie ihre Wut vorerst in Konfrontation mit einer mächtigen Frau ausprobieren müssen. Wenn nur diese nicht in Versuchung gerät, entnervt den Forderungen, die damit durchgesetzt werden wollen, nachzugeben. Nachgeben und eine weibliche Position jenseits des Gebens aufgeben, bedeutet den Mangel auf der Seite der unstillbaren Bedürftigkeit festzuschreiben, anstatt ihn auf der Seite der Durchsetzungslust ernst zu nehmen.

'Mutter' beinhaltet in unseren Breiten die Illusion grenzenloser Ressourcen, die willkürlich gewährt oder verweigert werden. In den Krisen zwangsläufiger Enttäuschungen der lebenden 'Mütter' und 'Töchter' liegt die Chance, die Illusion zu entdecken, statt sich an der Reflexion über die vermeintliche Willkür: 'ich/sie könnte, wenn ich/sie wollte' abzuarbeiten.

Dabei wäre es auch notwendig, daß sich weibliche Autorität nicht durch Forderungen und Machtzuschreibungen – Regressionen – verführen läßt, sich zu verausgaben, sondern klare Grenzen setzt und sich nötigenfalls auch als Prellwand zur Verfügung stellt. Für die meisten Frauen bedeutet es eine neue Erfahrung, mit einer 'Rabenmutter' konfrontiert zu sein, die ihren Aggressionen unbeschadet standhält und damit den Beweis antritt, daß die Artikulation von Wut nicht Verletzung, Schweigen und Abbruch der Beziehung zur Folge haben muß.

ÜBERSCHÜSSE UND EINSCHRÄNKUNGEN

Je mehr man miteinander diskutiert, desto weniger ist man von außen beinflußbar. Diese Erkenntnis, die nicht der Ideologie einer 'geschlossenen Gesellschaft' frönen soll, entspricht der Einsicht, daß ein Sprechen in ausschließlich von sich distanzierender Form, wie es in institutionalisierten Zirklen üblich ist, möglicherweise die Immanenz des Systems fördert. Gleichsam gilt es die Gefahr zu bedenken, sich dabei in selbstreferentiellen Teilwirklichkeiten zu bewegen, und die Komplexität der gesellschafts-politisch sich darstellenden Realität zu leugnen. Auf den Punkt gebracht lautet die Frage: Können wir wirklich(e) kritische Politik machen oder bilden wir uns das – gestützt durch eine sich von all den anderen unterscheidende Haltung – uns selbst bestätigend ein?

Einer der vehementesten Unterschiede, der allerdings als Binde- und Bruchstrich auch durch Einzelne querläuft, bezieht sich auf die Problematik der Einbindung in die bzw. Ausklammerung der Institutionen und parteipolitischen Organisationen. Das Phänomen, daß sich Frauen bloß dann verbünden, wenn sie schwach sind oder nur auf der Ebene der Formulierung von Forderungen sich treffen wollen, ist uns ein Problem. Diese Art des Umgehens von Differenzen, die Angleichung als Heilmittel propagiert und auf dem Einklagen von Mängeln beruht, ist nicht ausschließlich unser Umgang mit einer weiblich-politischen Subjektivität, die nicht von vornherein und selbstverständlich sämtlichen gegenwärtigen feministischen Selbstverständnissen entsprechen muß.

Die Vorläufigkeit auch unserer An- und Einsichten spiegelt sich in Reflexionen, daß auch wir vor dem Einschleifen unflexibler Strukturen nicht gefeit sind. Doch bleibt zu konstatieren, daß die Verführung, der heute der weibliche Antifeminismus erliegt und den Eintritt in vorhandene Institutionen bzw. den Anschluß an vorgegebene Organisationen bevorzugt, darin begründet sein kann, daß die Anerkennung im System auch bedeutet, teilzuhaben an einer allgemeinen und historischen Tradition. Diese sicherheitsspendende Legitimation, dieses Unterstützen eines immer-mehr-an-Gleichen/m, hat eben die – nicht nur aus feministischer Perspektive – entpolitisierenden Effekte. Dieser Rechtfertigung entspricht die ausschließende Orientierung an Erwerbsökonomien, die Versorgungsökonomien auslassen, also auch Kategorien der Sorge um einander, die inhaltliches zu-sich-kommen ebenso relevant findet wie Bekümmerungen um die anderen, d. h. nicht nur (technisch) funktionable Ebenen.

Schöpferische Mehrwertigkeit in diesem Sinn scheint äußerlich der Mehrwertproduktion durch (die oben skizzierte) Humanisierung der Arbeitsplätze zu ähneln, meint jedoch eine Überschreitung eben dieser auf die Vermehrung des immer Gleichen setzende Produktivkraft, weil sie auf ein unbenennbares Anderes rekurriert, das weibliche politische Gestaltungsmacht geltend macht – ohne die Leugnung der Existenz von (bezüglich der res publica ungleichwertigen) Frauen und Männern.

Dieser, zumindest seinem Anspruch nach, umfassende Einbezug von individuellen und kollektiven Widersprüchen unterläuft die öffentlich wirksame, oft (selbst)zynische Maskierung – nach dem Motto: Ich rede über die Relevanz des Weltschmerzes, aber vermeide um alles in der Welt, in/von meinem zu sprechen – und will der Versteinerung der 'eingezogenen' Frauen (auch so mancher Honor/arfeministinnen) entgegnen. Diese Umfassendheit hat hingegen auch zur leidlichen Konsequenz, daß im Zuge der notwendigen Erhaltung eines Schutzraums gegen den sonstigen Unbill, die Wahrheit von der teilhaftigen Vielheit in Kollektiven, die zwar als kompliziert, aber die Vielfalt erweiternd erkannt, dennoch viel zu oft abgewehrt wird.

Was wollen wir wirklich? Abgesehen davon, daß weder Wir noch Wollen noch Wirklichkeit bisher bestimmbare Inhalte für Frauen abgeben, so müssen diese doch kontinuierlich und konkret erhandelt werden. Die Arbeit an unseren eigenen Widersprüchen – die aufgespannt sind zwischen Denk- und Fragwürdigkeiten wie der Bedeutung(slosigkeit) von Selbst-definition, Selbst-rechtfertigung und ungeklärten Machtverhältnissen untereinander – elementar und metatheoretisch für Widerstand fruchtbar zu machen, das ist ein Begehren und ein Bedürfnis, die nicht nur uns (etwas) angehen. Gegenwärtig sind wir (uns) Käfig wie Halt wie Grenzübertretungsort.

[1] Obwohl in den 20 Jahren neuer Frauenbewegung 'Scham' immer wieder diskutiert und u.a. für die weiblichen Geschlechtsteile neue Benennungen erfunden wurden, klingt 'schamlos' pejorativ. Hier ist der Begriff doppeldeutig gemeint, weil Schamlosigkeit, wenn sie nur 'Müttern' gilt und nicht Autoritäten allgemein, fragwürdig bleibt.

Birge Krondorfer

FEMINISTISCHE BILDUNG – WAS KANN DAS NOCH SEIN?

Wir leben in einer Lerngesellschaft. Lernen ist lebenslänglich geworden. Erwachsenwerden heißt, pointiert formuliert, Infantilisierung als soziales Setting. Wer sich nicht weiterbildet, gilt als unnormal, unflexibel, nicht vollwertiges Mitglied der Gesellschaft, das man erst durch die Ansammlung unzähliger Zertifikate wird. Die Freiheit, alles zu lernen, wird zum Zwang, sich alles – als Spezielles (bspw. wurden allein im Sommer 1994 in Wien über 1900 EDV-Kurse angeboten) –, was konsumierbar ist, anzueignen. Der Tendenz nach wird Bildungsarbeit zunehmend vom Verwertungscharakter, vom Tauschwert amalgamiert: durch Individualisierung und der Orientierung am Modell der Erwerbsarbeit. Der Beschleunigung dieser Art von Fortbildung korrespondiert eine wachsende Verunsicherung: Erlerntes wird immer schneller ungültig und unübersichtlich ('Just-in-time-Lernen'). Gleichzeitig und scheinbar gegensätzlich wird eine Bildungskonzeption prolongiert, die sich nicht mehr als Wissensvermittlung sondern als Lebensberatung und Prozeßbegleitung versteht: die Pädagogisierung aller Lebensbereiche (die sogenannten Bindestrichpädagogiken). Beide Momente, die heute den Bildungsmarkt bestimmen, gewährleisten abstrakten Schutz und Sicherheit: in einer komplexen Gesellschaft sind Komplexitätsreduktionen in Form von individualisierten (und austauschbaren) Sinnfindungen ebenso angesagt wie die durch Weiterbildung scheingarantierte Aufstiegschance. Das zeitigt entpolitisierende Effekte: Zum einen wird (auch staatlicherseits) erkannt, daß Bildung beruhigt, da sie Konflikte entschärft und – indem die Menschen pausenlos beschäftigt werden – als Steuerungsmechanismus eingesetzt wird; zum anderen ist die Bildung selbst inhaltsleer geworden, denn Ziel von Bildung wird es sein, zu lernen, sich möglichst rasch und effizient Informationen zu holen. Bildung als Vermittlung von Eigenschaften nimmt zunehmend Unterhaltungscharakter an: Entertainment, Konsum und das Erzählen von 'kleinen biographischen Geschichten' ersetzen fundierte Auseinandersetzungen mit sich, mit anderen, mit Inhalten und mit Weltgeschichte. Entweder ist Einprogrammieren von schnellen Qualifikationen gefragt oder der Zwang, über Kommunikationssettings wechselnde Sinnversatzstücke zu finden. Die Devise lautet: Bildung als ökonomisches Produkt auf dem freien Markt 'hilft' bei der sozialen Differenzierung; zu haben ist dies bloß noch durch das Verschwinden der gesellschaftspolitischen Aspekte unserer Lebensverhältnisse. Bildung als (fertiges) Verkaufsprodukt und Bildung als (partialisier(end)tes) Selbstfindungselement geriert sich zur machbaren/gemachten Illusionenbildung und hat ihren emphatischen gesellschaftsverändernden Auftrag zur bloßen Utopie abgelöst. Erwachsenenbildung wird artifiziell, wirkt schein(er)leuchtend: sie kann 'ab'helfen, aber verändert nicht das Leben.

Eingelassen in dieses Umfeld, muß sich feministische Bildungsarbeit ihren Voraussetzungen selbstreflexiv und gesellschaftskritisch, selbstkritisch und gesellschaftsreflexiv nähern. Das Wesentliche eines inhaltlichen wie organisatorischen Selbstverständnisses ist das Augenmerk auf das Primat einer politischen Bildung, die eine Auszeit, einen Ort des Außerhalb setzt, die/der sich im maßvollen Rahmen der unmäßigen Logik des 'freien' Marktes ebenso entzieht wie der Segmentierung in vereinzelte Sinn- und Stilfragen. 'Frei' heißt der Markt wohl deshalb, weil er zweierlei zu sein angibt: Abschiebung von Verantwortung, er hat ja eigene Gesetze; Aufbürdung von scheinbarer Verantwortung auf den/die Einzelne/n in einem undurchschaubaren Abhängigkeitssystem. Dieses 'Gefangensein' implementiert Reaktionen zwischen (zynischer) Resignation und Hoffnung auf weitere Modernisierungen. Belastungen und Probleme werden durch Konsum 'gelöst'; ein Lernen anderer Umgangsmöglichkeiten müßte außerhalb, transzendent stattfinden.

Einer Ethik oder Politik des Besonderen verpflichtet, was eben nicht mit Individualisierungs- und Entsolidarisierungsdynamiken zu verwechseln ist, steht feministische Bildung in der Tradition der (Selbst-)Aufklärung in persönlich/situativer wie politisch/allgemeiner Absicht und Hinsicht. Als Insel im Meer der befriedeten Unseligen ist der Anspruch auf Befreiung zum Selbstbewußtsein, wenn auch marodierend antiquiert klingend, gerade für Frauen ein noch immer uneingelöstes Projekt. Zur schwierigen, wenn auch unabdingbaren Bedingung eines solcherart gedachten Lehr- und Lernprozesses gehört die Verbindung der eigenen Haltung mit den zu präsentierenden Inhalten. 'Wenn ich Lehrende bin, muß ich tun, was ich lehre, sonst kann ich's nicht vermitteln'. Wobei die gesellschaftlichen Widersprüche des Außen- wie des Innenraums, der Positionen (inhaltlich und formal), der Sache, der Gefühle und der Strukturen jeweils auszuhalten und zu formulieren sind. Denn die Sichtbarmachung der Verhältnisse (im großen wie im kleinen) und die Schärfung der Wahrnehmungen hinsichtlich Optionen auf teilhaftige Veränderungen sind schmerzhaft. Unabdingbare Prämisse einer solchen politischen Bildungskonzeption ist die Sichtung und Erkenntnis der gemeinsamen Situation der weiblichen Situiertheit im un/politischen Raum.

Nicht zu leugnen sind noch viele offene Fragen, so grundsätzliche wie: Unterliegen wir einem bürgerlichen Bildungsbegriff? (Und wenn ja, wo nehmen wir ihn an, wo grenzen wir uns ab?) Erträumen wir uns eine Bildung hin zum gemeinsamen Frauenkampf? Wofür, wogegen? In welcher Tradition ständen wir dabei? Wäre es überhaupt wünschenswert, unsere 'Freude am Leiden' – im Sinne der permanenten Bewußtheit über die mißlungene Lage der weiblichen Menschen – weiterzutragen? Würden wir damit unglückliches Bewußtsein vermitteln?

Zur Zeit sei festzuhalten, daß die Maxime unserer Bildungstätigkeit allemal die ist, die Leidenschaft für Politik mit anderen (wieder) zu entdecken. Denn, so bilden wir uns selbstbewußt ein: Die *F*RAUEN*h*etz ist ein gebildetes feministisches Gebilde und muß gegen selbstverständlich Gewordenes begehren. Wir sind konfrontiert mit einer staatlichen Frauenpolitik, wir sind konfrontiert mit spezialisierten Wissenschafterinnendiskursen, wir sind konfrontiert mit Selbstfindungsnischen. Wir wollen konfrontieren mit Einsprüchen gegen die Andienung an Arbeitsteilungen, die eine – nicht nur theoretische – Verbindung von Denken, Alltag und Politik ausschließen. Wir wollen konfrontieren mit Ansprüchen an als unveränderlich erdachte Konstitutionsbedingungen von Öffentlichkeit, Privatheit, Wissen – und an uns selbst. Wir wollen konfrontieren mit Begriffs- und Angreifungsmomenten gegen funktionable Individualismen und für Individualitäten, die sich über Grenzauseinandersetzungen erst binden können. Wir wollen (uns und/mit andere/n) bilden in/mit weiblicher Gestaltung und mit/in feministischen Gehalten: damit es unbequem wird, unmündig zu sein.

II. FRAUENBEWEGUNG – ÜBERSCHREITUNGEN

Renata Fuchs, Gabriela Prosek

FEM-INTERN: ÜBER DAS BEGEHREN DES BEGEHRENS, DAS DEN VERSCHLEIß NICHT AUSSCHLIEßT

»Begehren ist eine Frage der Verbindung.«[1]

»Das Wünschen und Wollen, die existentiellen Erwartungen und das eigene Begehren wahrzunehmen und damit aktiv zuzugreifen ist uns Frauen meist nicht beigebracht worden, eher das Gegenteil. Aber genau das alles brauchen wir, um uns auf andere Personen zu beziehen, und um das, was trennend zwischen uns und anderen und kooperativem Miteinander im Wege steht, zu zerstören.«[2]

Die Fragen, die uns zu diesem Text bewogen haben, betreffen die Möglichkeiten und Grenzen der Beziehungs- und Bezugsstrukturen innerhalb der 'Frauenbewegung'.

Der Begriff Frauenbewegung ist unter Anführungszeichen gesetzt, weil er für die derzeitige Situation nicht mehr adäquat erscheint. Mittlerweile gibt es so viele verschiedene, einander zum Teil widersprechende Ansätze und Formen von Frauenbewegtheit, daß die Zusammenfassung unter eine Bezeichnung die Illusion einer Gemeinsamkeit vorspiegelt, die entweder zur Beschwörung oder Totsagung verleitet.

Trotzdem fällt es uns schwer, diesen Begriff zu verabschieden. Beinhaltet er doch noch immer die Anmaßung von Frauen:

1. den ihnen zugestandenen Platz innerhalb der Gesellschaft und innerhalb der Familie – im Dienste der Männer, der Kinder, der Sache – in Frage zu stellen und ihrer Eigenheit Raum zu geben.

2. diese Eigenheit in Berufung auf Vorgängerinnen und Auseinandersetzung mit selbstbewußten Geschlechtsgenossinnen zu entwickeln – nicht als 'Andere' innerhalb von 'heterosexuellen' Beziehungen und mit Bezügen von Männern.

3. sich öffentlich auf ihre Eigenheit zu beziehen und sich untereinander nicht nur für unsichtbare Arbeitsbündnisse – im Dienste der Männer, der Kinder, der Sache – zu ge/brauchen.

Etymologisch hat 'eigen' die Bedeutungen von 'in Besitz nehmen, besessen, seltsam', das Suffix '...heit' meinte im Althochdeutschen als selbständiges Wort 'Person, Stand, Rang, Würde, Wesen, Art, Form, Geschlecht' und hat in einigen Bildungen kollektive Konnotation. Verbunden wird es im Duden mit 'Besonderheit' übersetzt.

Hier soll 'Eigenheit' das Beharren auf dem Recht einer selbstdefinierten Positionierung im Rahmen einer androzentrischen Gesellschaftsordnung und eine, zeitweise auch befremdende, Verweigerung zeitgemäßer Anpassung ausdrücken.

Es ist doch bemerkenswert, daß ausgerechnet zu einem Zeitpunkt, in dem Frauen – als Frauen geeint – (wieder) begannen Fragen zu stellen und Widerstand zu üben, Diskurse über die Auflösung des Subjekts und des Geschlechts – so bedenkenswert sie sein mögen – in Mode kamen. Insofern können diese durchaus als Variation einer Versuchung gelesen werden, die Machtfrage zu umgehen.

Die Deklassierung und Degradierung des Weiblichen vollzieht sich nach Regina Becker-Schmidt in drei Dimensionen quer durch die gesamte gesellschaftliche Hierarchie:

1. Gleichwirklichkeit – aus vielen sozialen Räumen sind Frauen ausgegrenzt, von zahllosen Möglichkeiten sich in Werken, Leistungen, Bildern und Phantasien zu objektivieren, werden sie ausgeschlossen.

2. Gleichrangigkeit – Männer können Haus- und Familienarbeit folgenlos verweigern und sie nehmen in allen gesellschaftlichen Sphären die höheren Positionen ein.

3. Gleichwertigkeit – alles, was angeblich 'Frauensache' ist, gilt weniger als jene Bereiche, die das Etikett tragen: 'Das ist Männersache'.

»Innerhalb jeder sozialen Klasse gibt es noch einmal eine Unterschicht: die Frauen. Und neben den herrschenden Formen der Gewalt bedrängt eine ausschließlich sie: der Sexismus.«[3]

Unserer Ansicht nach ist die einzige Möglichkeit unter solchen Umständen adäquat zu agieren, Identität – d. h. Frausein – politisch zu fassen und über gleichgeschlechtliche Auseinandersetzungen zu begreifen.

»Die Frau kann das neue Verhältnis zu sich selbst nur über andere Frauen entwickeln. Die Frau wird der Frau zum lebendigen Spiegel, in dem sie sich verliert und wiederfindet. Das so entstehende Verhältnis der Frau zu sich ist so neu, daß es noch nicht definiert werden kann. Es ist ein Verhältnis, das hunderte von alten Verhältnissen wiederholt, aber keines davon ist. ... Die Geschlechter ziehen ihres Wegs. Sie leben nicht nur aneinander vorbei, sie rücken auseinander, endlich!

Denn Frauen brauchen Raum für das, was nur in ihrer Phantasie existiert.«

Diese Sätze, von Elisabeth Lenk 1976 niedergeschrieben[4], haben 1995 noch immer Gültigkeit.

Dabei gilt es auch sich von liebgewordenen Vorurteilen und Bequemlichkeiten zu lösen.

Regine Reichwein[5] hat die These aufgestellt, daß sich Frauen in einem 'vom Patriarchat' erwünschten Irrtum befinden, wenn sie glauben, sie seien aufgrund ihrer Geschlechtstypisierung eher als Männer beziehungsorientiert und beziehungsfähig.

Damit ihnen ihr eigenes Begehren nicht allzusehr bewußt wird, werden sie mit einer solchen Zuschreibung getröstet und für ein Bemühen belohnt, die Erwartungen anderer zu erfüllen, z. B. aufmerksam, fürsorglich und überverantwortlich zu sein.

Die Professionalisierung dieser Eigenschaften innerhalb der Sozial-, Therapie- und Bildungsgewerbe, Frauenprojekte eingeschlossen, hat zu einer Differenzierung zwischen Expertinnen/Klientinnen bzw. Lehrenden/Lernenden geführt. Die Vermittlung einer feministisch-politischen Haltung gilt innerhalb solcher Verhältnisse zunehmend als illegitim: als Zumutung, Überforderung, ja sogar als unzulässige Indoktrination.[6] Über Forderungen wird lieber mit dem Staat und seinen Institutionen verhandelt.

Als wäre der Politik genüge getan, wenn Frauen durchsetzen, daß Frauen Frauen beraten, bilden oder beforschen. Eine Kritik der Systeme, Strukturen und Bedingungen, innerhalb derer dies vor sich geht, eine interne Reflexion und öffentliche Positionierung, wird dabei vernachlässigt.

ZUM TITEL UND FÜR DIE 'POLITISCHEN'.

Der Begriff 'Fem-Intern' ist assoziativ zu und als Anspielung auf die Kom-Intern gedacht.

Kommunismus und Feminismus, als Ideologien zu Befreiungsbewegungen gedacht, gehen beide von der Unterdrückung, die erstere des Arbeiters[7], die zweitere der Frau aus.

Für Slavoj Zizek ist die elementarste Geste der Ideologie ein Akt des (Voraus-)Setzens, der dem 'großen Anderen' Existenz verleiht und 'Befreiung' beinhaltet für ihn immer den Bezug auf den Anderen als Herrn.[8] In diesem Sinne sind beides Gegenbewegungen, die ihr Gegenüber – ihren 'Feind' – als Adressat konstituieren.[9]

Eine Problematik, die sich innerhalb beider '-ismen' ergibt, ist die Bestimmung der eigenen Identität, weil sich deren Bedeutung vorerst nur aus einer Relation ergibt: Arbeiter im Gegensatz zu Kapitalist/Unternehmer oder Frau im Gegensatz zu Mann. Eine Relation, die gleichzeitig ein hierarchisches Verhältnis ausdrückt.

Unter der Prämisse 'Unterdrückung' muß diese Identität zwangsläufig mit einer Identifizierung als Opfer gekoppelt sein. Innerhalb einer dermaßen konstituierten Täter – Opferpolarität bleiben nur drei Möglichkeiten der Veränderung:

1. Umkehrung (Revolution) – die sich in der Utopie der 'Diktatur des Proletariats' bzw. eines historischen und/oder zukünftigen 'Matriarchats' vollzieht. Nachdem die Umsetzung ersterer im Realsozialismus gescheitert ist, haben in Folge interessanterweise auch einige männliche Denker auf die Idee eines feministischen Sozialismus gesetzt. Christina Thürmer-Rohr hat diese Konzepte unter dem Titel: »Feminisierung der Gesellschaft – Weiblichkeit als Putz- und Entseuchungsmittel«[10] entmystifiziert. Mittlerweile finden solche Utopien nur noch in Diskussionen einen Ort, wo ihr Fehlen wehmütig betrauert wird.

2. Zusammenarbeit (Reform) – der erklärte Wille zur Teilhabe an der Macht, der eine Partizipation an der Herrschaft, und somit logischerweise auch an der Unterdrückung bedeutet. Betrifft Betriebsräte und Gewerkschaftsbosse bzw. 'Mittäterinnen' und Alibifrauen. Um ihre

Stellung einnehmen zu können, müssen sie sich immer auch von ihren GeschlechtsGenossInnen distanzieren. Wobei Aussprüche wie: »Ich hatte als Frau nie Probleme!« typisch sind. Aber es gibt auch Feministinnen, die sich ihrer Profession verbundener fühlen, als einer Verbündung mit anderen Frauen. Vatertöchter, die die Anerkennung als selbständig Denkende in Institutionen suchen, und als Einzelne zum Teil auch erreichen. Der Kampf um ein »Gleichgestellt sein beinhaltet bekanntlich ein Hinnehmen, Akzeptieren und Verinnerlichen der vorhandenen Arbeits-, Lebens- und Machtstrukturen.«[11]

Das soll weder heißen, daß Zusammenarbeit 'böse' Absichten voraussetzt, noch wollen wir in Abrede stellen, daß sie punktuelle Verbesserungen erhandeln kann. Vor allem – aber nicht nur – für jene, die an der Zusammenarbeit bzw. den Verhandlungen direkt beteiligt sind. Beispiele dafür sind Freistellung und Kündigungsschutz der Betriebsräte in größeren Unternehmen, die Aufstiegschancen von Managerinnen im Nadelstreif – bis zur gläsernen Decke, oder Politikerinnen, die sich im Zweifelsfall für ihre Partei und gegen Frauen entscheiden.

Die liberal-bürgerliche westliche Gesellschaft scheint denjenigen, die sich ihren Bedingungen anpassen (können), Einkommen und Auskommen zu bieten.

Für Frauen läßt sich dieser Deal nicht bruchlos umsetzen, für sie gelten öffentlich wie privat andere Regeln. Deutlich wird dies u.a. sowohl an Vergewaltigungsprozessen, wo die Frau nachweisen muß, daß sie nicht zum Übergriff animiert hat, als auch anhand von Gewalt innerhalb der Familie. Kein Wunder, daß sich viele Feministinnen dieser Problematik zugewandt haben:

3. Evolution (Entwicklung sozialer Kultur)

Sie gründeten Notrufe, Frauenhäuser, Beratungsstellen als Frauenprojekte, bieten Selbstverteidigungskurse an, schulen PolizistInnen wie LehrerInnen und therapieren zeitweise auch die Gewalttäter. Von 'Klientinnen' oft unbedankt (ca. 80 % der geschlagenen Frauen gehen nach einer Ruhepause im Frauenhaus zum Mann zurück), von öffentlichen Stellen nicht ausreichend finanziert, ist 'burn-out' der Mitarbeiterinnen keine seltene Folge. In der Praxis hat sich der Bezug aufeinander und der politische, und nicht nur soziale, Blick auf die Situation der betroffenen Frauen, d. h. Identifikationen jenseits der Täter-Opferrelation, als notwendige Bedingung erwiesen, um als Projekt überlebensfähig sein zu können.

Das Paradoxon, daß der Kommunismus ausgerechnet 'intern' als Abkürzung für 'international' benutzt hatte (um damit dem Wunsch Ausdruck zu geben, das 'Außen' dem 'Innen' einzuverleiben?), verweist in unseren Augen indirekt auf die Notwendigkeit und Schwierigkeit einer Identitätsfindung, die nicht relational zum 'großen Anderen' sondern zum/r Selben hergestellt wird, und auf die Frage deren Organisation.

Solche 'Selbstbestimmungen' im Sinne einer Bestimmung der 'Freiheit für ... ' wären jedenfalls die einzige Möglichkeit theoretisch wie praktisch auf den Vorrang der Prämisse 'Unterdrückung' bzw. 'Freiheit von ... ' und den damit unvermeidbaren Opferstatus der Frau verzichten zu können.

'LET'S TALK ABOUT SEX' – DIE GESCHICHTE DES WEIBLICHEN BEGEHRENS: DAS KAPITEL FÜR HISTORIKERINNEN.

1. Liebe ohne Triebe

Mit der industriellen Revolution und der geschlechtsspezifischen Arbeitsteilung wurde den 'anständigen' Frauen, den Frauen von Stand, der Geschlechtstrieb genommen und dafür die Liebe zuteil.

Die Liebe sollte ihnen leichtfallen, denn als ihr wichtigstes Organ galt das Herz, und ihre wichtigsten Tugenden waren Gefühle, die aus dem Herzen kamen.[12]

Um zu verhindern, daß die Frauen von der männlichen Außenwelt, die ihre Triebe behalten hatte, beschmutzt werden, wurde das Heim zum Hauptort ihrer Entfaltung.

Das weibliche, und das auf das eigene Geschlecht gerichtete, Begehren war bestenfalls seelisch/geistig, und deshalb galt so manchen die Liebe zwischen zwei Frauen höher als die körperliche, der Fortpflanzung dienende, Liebe zwischen den Geschlechtern.

»Es stimmt, daß eine Frau sich in eine Frau und ein Mann sich in einen Mann verlieben kann. Diese Gewißheit gefällt mir, denn es ist die Liebe, die die Engel fühlen. ... Sie wird von den selben Gesetzen bestimmt wie die Liebe zwischen Menschen verschiedenen Geschlechts, nur ist sie rein intellektuell und geistig.« (Margaret Fuller, 1852)

Die bürgerliche Frau besetzte ihre Rolle als Hüterin der Tugend, als moralisch über dem Mann stehend, positiv. Dieses Selbstbewußtsein vereinte die Frauen im Kampf gegen ihren Ausschluß aus der Gesellschaft. Sie fanden sich zusammen in der Überzeugung, daß sie das Recht und die Pflicht hatten, durch ihre Begehrlosigkeit, Tugend und reine Liebe die triebhaften Männer zu läutern und generell die Gesellschaft zu verbessern.

»Das Hauptziel ist es, direkte weibliche moralische Beeinflussung ins Gesellschaftsleben zu bringen, die moralische Stärke der Frau, ihr größeres Mitgefühl und ihren mütterlichen Instinkt den ganzen Einfluß auf das Gesellschaftsleben ausüben zu lassen, der ihnen zukommt. Wie oft müssen Frauen sich nicht über die bestehenden Gesetze grämen und zu sich sagen, 'wenn wir Frauen an der Gesetzgebung mitwirken könnten, dann wäre es nicht so'. Aber sie müssen mitwirken, erst dann können wir hoffen, daß die Gesetze allen Seiten Gerechtigkeit widerfahren lassen.« (Astrid Stampe Feddersen, 1888, Dänischer Frauenbund)

Die Frauen, die sich zusammenschlossen, entzogen sich damit der männlichen Überwachung und fühlten sich bald stark genug, mit den Männern in Dialog zu treten und ihre Rechte einzufordern.

2. Übergang oder die Erfindung der Sexualwissenschaft

Während die Frauen in ihrem Sittlichkeitsbewußtsein die Doppelmoral der Männer in Frage stellten und auch von ihnen moralisches Verhalten verlangten, d. h. Begehrlosigkeit als Ideal der ganzen Gesellschaft einforderten, begannen paradoxerweise (oder auch nicht) die Sexualwissenschaften gewissen Frauen Begehren zuzuschreiben: nämlich den Lesben (die damit erfunden wurden, wenn auch nicht unter diesem Namen).

Eine homosexuelle Frau erkannte man nicht nur an ihrem unweiblichen Benehmen und Äußeren – auch ihr Begehren war unweiblich. Denn der medizinischen Wissenschaft zufolge verfügten 'richtige' Frauen über kein Begehren. Ein kulturelles und moralisch definiertes Ideal war zu einer naturwissenschaftlich argumentierten 'Wahrheit' geworden. Die Wissenschaft mußte nur noch dieses Begehren benennen: als männliches Begehren im weiblichen Körper.

»Aber was ihnen vielleicht nicht aufgefallen ist, ist, daß wir innerhalb der weiblichen Homosexualität vor dem Phänomen stehen, daß nur sehr wenige heterosexuelle Frauen auf die Dauer der Verführungslust und Verführungskunst dieser Frauen widerstehen können, die noch stärker ist, als die männliche. Es geht zwar etwas friedlicher zu; sie suchen ihre Opfer nicht in Straßen und Gassen, sie schleichen sich in Gestalt einer Freundin an sie heran, gewinnen ihre Freundschaft, und wenn sie so weit gekommen sind, machen sie aus ihrem Opfer eine homosexuelle Geliebte.« (Dr. med. Edvard Ehlers, 1907)

Die heterosexuelle Frau ohne eigenes Begehren, nur mit dem Begehren begehrt zu werden ausgestattet, ist also der 'männlichen' Verführungskunst hilflos ausgeliefert, egal ob ein Mann oder eine Frau sich an sie heranschleicht. Unfairerweise können sich Lesben besser tarnen und haben dadurch einen viel besseren Zugang zu ihren unschuldigen und ahnungslosen Opfern.

Es wurde sozusagen ein normales, angeborenes, männliches Begehren bei Männern und ein anormales, angeborenes, männliches Begehren bei Frauen angenommen – im doppelten Sinn des Wortes: von 'Sexualforschern' vorerst als Hypothese, von einigen Frauen als Teil ihrer Identität –, welches trotz seiner Perversität 'Erfolg' hatte und aufgrund seiner Angeborenheit auch nicht 'heilbar' war.

3. Trieb versus Begehren oder Freud und Neid

Sigmund Freud war der erste, der allen Frauen einen eigenen Geschlechtstrieb zugestanden hat, und zwar bei normaler Entwicklung in der Abfolge zweier Phasen. Zunächst phallisch-männlich (klitoral) und nach der Pubertät – und erfolgreicher Verdrängung der ersten Phase –

genital-vaginal. Gleichzeitig betont er, daß im reifen Sexualleben der Erwachsenen der Lusterwerb in den Dienst der Fortpflanzung tritt.[13]

D. h. der Geschlechtstrieb einer sich normal entwickelnden Frau ist heterosexuell, gebärorientiert und passiv.

Die Psychoanalytikerin Jessica Benjamin schreibt dazu: »Der Verzicht der Frau auf sexuelle Aktivität sowie ihre Hinnahme des Objektstatus sind für Freud sogar die Insignien gelungener Weiblichkeit. Zwar kann man diese Definition ablehnen, muß sich aber dennoch mit der traurigen Tatsache auseinandersetzen, daß Weiblichkeit auch heute noch mit Passivität gleichgesetzt wird: mit dem Status eines Objekts für das Begehren eines anderen, mit dem Mangel eines eigenen, aktiven Begehrens.«[14]

Die Energie des Sexualtriebes – die Libido – ist immer männlich und der Phallus ist ihre einzige Repräsentanz. Zwar strebt sowohl Weiblichkeit wie Männlichkeit nach dem Phallischen, Vollständigen, aber die Männer haben es, indem dem männlichen Organ phallischer Wert zugedacht wird. Den Frauen bleibt nur das Gefühl eines Mangels: der Penisneid.

Freud hat eine Unterscheidung zwischen zweigeschlechtlichem Sexualtrieb und männlich konnotiertem Begehren vollzogen und damit die männliche Vorherrschaft auf der symbolischen Ebene bestätigt.

4. Das Zeitalter der PsychoAnalytikerinnen

Die Psychoanalyse hat die Geschlechter/Differenz denkbar gemacht und Frauen in ihrer Profession zugelassen – was von der Philosophie und anderen Wissenschaften nicht so ungebrochen gesagt werden könnte – aber eben unter der Voraussetzung eines Mangels.

»Daß die Libido, also Eros, männlich ist, hindert die Frau nicht unbedingt daran, ihre Liebe in sie einzubringen. Durch eine mehr oder weniger schmerzhafte Identifizierung mit dem Mann ... Sie wird dazu neigen, die ideale Mutter durch einen überichstiftenden Vater zu ersetzen; und diese Änderung wird ihr weniger frohlockende Visionen einbringen, wohl aber durch den Zugang zum Wissen mehr überlastete und disziplinierte Anstrengungen.«[15]

Dieses beispielhafte Zitat von Julia Kristeva könnte frau durchaus als weitere Variation des mühsamen Aufstiegs der Paria zur Parvenue ablegen. Gerburg Treusch-Dieter beschreibt den selben Sachverhalt etwas trockener und in einem Satz: »Leistung und Legitimation sind unabdingbar an das Gesetz des Vaters gebunden.«[16]

Die Frau an sich ist nicht gesellschaftsfähig: »Manchmal ahnte ich, daß ich außerhalb der Gesellschaft stehe, daß ich als Frau draußen bin, daß alle Frauen draußen sind. Ich suchte mich dieser Beunruhigung zu entziehen, ich suchte hineinzukommen, drin zu sein, aber drin war ich nur als Neutrum, als Frau blieb ich draußen.«[17]

Julia Kristeva zieht die Existenz einer weiblichen Libido, als Voraussetzung weiblicher Subjektwerdung, zumindest in Betracht – um den Preis der ständigen Gefahr einer symbolischen Selbstauflösung:

»Wie aber steht es um eine Liebe im Weiblichen, außerhalb des Schweigens, außerhalb der Mütterlichkeit und ohne phallisch-androgynales Götzenbild? Eine Inspiration? Ein Geheimnis? ... Falls es nun doch eine weibliche Libido gäbe, wäre dann eine Erotik des reinen Weiblichen vorstellbar?

Die Haut, der Mund; die leere, erregte oder erfüllte Spalte der Lippen – umhüllen diese Ausströmungen, filtern ihre Spannung und wiegen, schaukeln und berauschen jenseits jedes aggressiven Vorstoßens. Entspannung des Bewußtseins, Wachtraum, weder dialektische noch rhetorische Sprache, sondern Frieden oder Entschwinden: Nirvana, Rausch und Schweigen.

Wenn dieses Paradies nicht als Einschub oder Ruhemoment den Randbereich der phallischen Erotik bildet und sich zum Absoluten einer Zweierbeziehung auswachsen will, erweist es sich als das was es ist, nämlich eine Nicht-Beziehung. Dann eröffnen sich zwei Wege: entweder nehmen sie erneut und noch wilder die erotische Manie mit den Verheerungen des 'Herr-Knecht'-Spiels auf. Oder, und häufig als Folge davon, sprengt der Tod den Frieden, den man in sich aufgenommen zu haben glaubte ... verlorene Identität, letale Auflösung der Psychose, Angst vor verlorenen Grenzen, selbstmörderischer Sog der Tiefe.«[18]

Ist Begehren zwischen Frauen 'unmöglich'? Innerhalb der Theorie der Psychoanalyse scheint es jedenfalls als Möglichkeit der Verbindung nicht denkbar zu sein.

ANFANG UND ENDE: FÜR DIE 'BEWEGTEN'.

Der Ausgangspunkt der neuen Frauenbewegung war vorerst die Klärung von Eigentumsverhältnissen. Die Parole: 'Mein Bauch gehört mir' begleitete den Kampf für eine Abkoppelung der geschlechtlichen Lust von der Fortpflanzung und daraus entwickelte sich die Forderung nach Freigabe der Abtreibung.

Der zweite Schritt war die Erweiterung des antiautoritären linken Politikbegriffs um das 'Vorpolitische'. Mit der Formel 'das Private ist politisch', wurde die Rolle der Frau in der Gesellschaft umfassend zur Debatte gestellt. Die Frauen wehrten sich geeint und als 'Schwestern', Schulter an Schulter, gegen die männliche Vorherrschaft im Bett und außerhalb.

Bald darauf begann sich eine Veränderung der Blickrichtung abzuzeichnen: Vorerst nach vorne, auf die 'gemeinsamen' Ziele fixiert, fiel der Blick aufeinander, die Unterschiede und Differenzen kamen ins Blickfeld und erzeugten Emotionen, auch unerwünschter Art.

'Schwesternstreit'[19], mit dem tendenziösen Untertitel: 'Von den heimlichen und unheimlichen Auseinandersetzungen zwischen Frauen.', wurde öffentlich zum Thema gemacht, und damit das Gleichheitspostulat in Frage gestellt und kritisiert.

1. Mütter und Töchter

In ihrem Artikel 'Über Neid und Konkurrenz – am Rande auch etwas über Liebe und Haß zwischen Frauen' schreibt Birgit Cramon-Daiber über 'zornige Liebe', 'gefräßige Töchter' und über Auseinandersetzungen mit dem 'Mutterbild':

»Neues Spiel, neues Glück: Du stellst einige 'tolle' Frauen, die beim ersten Augenschein dein Ideal zu verkörpern scheinen, aufs Podest. Du liegst ihnen zu Füßen, suchst ihre Nähe – aber wehe, wehe sie erfüllen nicht alle deine Wünsche nach einem Ideal-Ich. Dann ziehst du sie durch den Dreck, kein gutes Haar darf an ihnen bleiben, denn sie haben deine Sehnsucht, die du dir selbst nicht gestattest, nicht erfüllt. ... Nähe wird schnell zur Symbiose und Distanz gerät leicht zur Ablehnung. ... Rette sich wer kann, hau die Türen hinter dir zu und rühre nie mehr an den wunden Punkt. ... Neugierde, Faszination, Freude an der Begegnung miteinander – welches ist der Moment, wo alles verhunzt wird, wo die Geschichte kippt?«[20]

Es geht ihr um Spaltungen untereinander – Konkurrenzen am Liebes- und Arbeitsmarkt – und innerhalb des 'Ich'. Sie fragt: »Warum geraten hierarchische Beziehungen zwischen Frauen so leicht zum psychologischen Krieg, zu einer Art Herr-Knecht-Verhältnis, in dem beide Seiten die Gebundenheit aneinander ausspielen und damit diese Gebundenheit immer neu schaffen?« – und meint: »Wir können der Getrenntheit und Spaltung unserer weiblichen Existenz nicht dadurch entrinnen, daß wir uns einer Strategie unterwerfen, die uns der positiven Seite unserer unterschiedlichen Lebensform, unserer Individualität, beraubt.«

2. Schwester gegen Schwester

Eine weitere Differenzierung entstand durch die Infragestellung des Inzesttabus durch das Postulat: 'Feminismus ist die Theorie, Lesbianismus die Praxis' und daraus abgeleitet: 'Die Lesben sind die Avantgarde der Frauenbewegung'.

Dies eröffnete neue Möglichkeiten: Heterosexualität wurde als gesellschaftlicher Zwang entlarvt, die Beantwortung der Frage 'mit wem schläfst du, mit wem lebst du?' als politische Entscheidung gewertet. Gleichzeitig bedeutete das auch, daß lesbische Beziehungen öffentlich diskutiert wurden.

Monika Jäckel schreibt unter dem Titel: 'Sag mir mit wem du schläfst – und ich sage dir, wo du stehst? Lesben, Heteros & Co.':

»Dieser mörderische Gleichheits- und Machtkampf zwischen Frauen. Mit Männern ist die Rollenverteilung klar und eher akzeptiert. Mit einer Frau aber willst du keine Ungleichheit akzeptieren. Sie ist wie du und wird sich in allen Bereichen an dir messen, mit dir vergleichen und umgekehrt.«

Für sie ist selbst lesbische Liebe bestenfalls die Utopie der Liebe unter Gleichen. Denn »Frauen sind nicht gleich, gerade was Selbstbewußtsein und Selbstwertgefühl und das Verhältnis zum eigenen Körper angeht. Und diese Unterschiede toben sich aus, im oft gnadenlosen Machtkampf mit negativem Vorzeichen: wenn du was hast, was ich nicht habe, dann sehe ich zu, daß ich's dir zerstöre oder daß ich mich räche, damit wir wieder gleich sind und beide im selben Loch sitzen. Und Frauen zielen und treffen besser. ... Frauen können füreinander stärkere soziale Kontrolle bedeuten, unerbittliche Normen setzen und Druck ausüben.«[21]

Das liest sich wie eine Bestätigung von Julia Kristevas Assoziationen zu einer 'Erotik des reinen Weiblichen', die in der Auflösung endet. Auch in beiden obigen Texten werden Auseinandersetzungen auf der psychoemotionalen Ebene beschrieben und zerstörerisch empfunden.

Zur Konfliktscheue in Frauenzusammenhängen konstatiert Regine Reichwein: »Häufig genug erlebe ich in öffentlichen und privaten Interaktionen Mißverständnisse, Aneinandervorbeireden, Angriffe, Vereinnahmungen, Rückzüge, und Schweigen, obwohl es sich um wichtige Inhalte handelt und produktive Kooperation notwendig wäre. Dabei versuchen nach meiner Beobachtung viele Frauen immer wieder, eine alle Anwesenden einigende Harmonie herzustellen und empfinden Prozesse, die einer solchen Harmonisierung, wie z. B. die Artikulation unterschiedlicher Interessen, Ziele, Positionen usw., entgegenstehen, als bedrohlich, als Versuch, die Gruppe der miteinander Redenden zu spalten und die Frauen voneinander zu trennen.«[22]

Differenz als Abstraktum wird in theoretischen Diskussionen als das 'neue' Lösungsmittel gefeiert und in konkreten Situationen als Infragestellung der eigenen Person erlebt oder als persönlicher Angriff – jedenfalls als Verletzung – empfunden, der entweder Rechtfertigung, Gegenangriff oder häufiger noch Schweigen zur Folge hat.

»Die Kommunikation unter Frauen, und gerade unter Frauenprojektfrauen, ist überwiegend miserabel« diagnostiziert Marie Sichtermann.[23]

3. Alle für Eine ?

Wenn alle – ach so verschieden – ihre Individualität[24] pflegen wollen dürfen und Auseinandersetzungen vor allem als Machtkämpfe oder 'Beraubung' begriffen werden, bleibt die Frage offen, ob und wie weibliche Kollektivität jenseits des Gleichheitspostulats denkbar und konstituierbar werden kann.

In der Praxis der Frauenprojekte erscheinen meist nur zwei Alternativen begehbar, sobald Differenz und Hierarchie zum Konflikt werden: Entweder die Gruppe löst sich auf oder sie versucht sich zu institutionalisieren: d. h. Einzelne übernehmen Funktionen, die strukturell von einer 'männlichen' Gesellschafts- und Rechtsordnung vorgegeben sind, um eine Ordnung aufrechterhalten zu können, die Dauer verspricht.

Liegt die Qual der Wahl wirklich zwischen Destruktion und Rekonstruktion?

Slavoj Zizek beschreibt diese 'Wahl' folgendermaßen: »Der 'Gesellschaftsvertrag', die Eingliederung des Subjekts in die symbolische Gemeinschaft weist die Struktur einer erzwungenen Wahl auf: Das Subjekt, dem unterstellt wird, frei seine Gemeinschaft zu wählen (denn nur eine freie Wahl ist moralisch bindend), existiert nicht vor dieser Wahl, es wird durch die Wahl konstituiert.«[25]

Derselbe Inhalt mit anderen Worten findet sich in Texten zur fehlenden Streitkultur innerhalb von Frauenprojekten. Die These ist, daß die notwendige und zunehmende Professionalisierung, die frau durchaus als Subjektsetzung innerhalb des Gesellschaftsvertrages sehen kann, nach neuen Kommunikations- und Problemlösungsstrategien verlangt.

»Die Wahl der Gemeinschaft, der 'Gesellschaftsvertrag' ist eine paradoxe Wahl ... Worauf ich verzichte, um die Eingliederung in die Gemeinschaft des symbolischen Austauschs und der Verteilung von Gütern zu erlangen, ist einerseits 'alles' (das Objekt des Begehrens) und andererseits 'nichts' (es ist in sich selbst unmöglich, d. h. sollte ich es wählen, würde ich alles verlieren). ... Das Subjekt gibt in seinem Begehren nach.«[26]

Auf Frauenprojekte bezogen würde das heißen, daß Anpassung als Prinzip unumgänglich ist, wobei hier die Wichtigkeit der Auslotung von Spielräumen nicht geringgeschätzt werden soll. » Der Verzicht ist 'rein', eine rein negative Geste des Rückzugs, die den Raum für mögliche Gewinne und Verluste, d. h. den Raum der Verteilung von Gütern erst konstituiert.«[27] Marie Sichtermann z. B. plädiert für das Streitgespräch als Methode zur Kommunikation unter Gleichgestellten. Sie formuliert Regeln, die dabei eingehalten werden müssen. Eine Position innerhalb eines Streitgesprächs steht nicht für das Sein der ganzen Frau, sondern die Argumentation richtet sich danach, welche Rolle eine Frau einnimmt: Ob sie als 'Unternehmerin' oder als 'Arbeitnehmerin' spricht. Eine Situation, in der widerstreitende Interessen existieren, braucht 'Protagonistinnen', die sich exponieren. »Dort, wo die strenge Arbeitgeberin nicht vertreten ist – wo also jede Frau kommt und geht und tut und macht, wann und was sie will – ist auch die fürsorgliche Arbeitgeberin nicht zu Hause. Wenn eine Frau nicht zur Arbeit kommt, wird sie nicht gemahnt, aber es fragt auch niemand, was mit ihr los ist. Das bleibt Freundinnen überlassen, aber manche Frau hat keine Freundin im Projekt.«[28] »Das Primat der Gerechtigkeit über das Gute impliziert, daß das höchste Gut (das 'Ding an sich' als inzestuöses Objekt) als unmöglich und unerreichbar gesetzt ist.«[29] Diesem Problem weichen Pragmatikerinnen gerne aus, indem sie es als Frage der politischen Moral oder der Ideologie von sich schieben: the show must go on. Die 'spannenden ideologischen Differenzen' über das Frauenprojekt als Unternehmen: selbstverständlicher Weg zur Professionalisierung oder Zeichen des Verfalls der feministisch-politischen Moral –, müssen dabei leider in die Freizeit und ins Beisl verlegt werden.

Frau kann nicht 'alles haben' : »Das Subjekt kann nur ein partielles Zeichen wählen ... das symbolische Mandat also, das es repräsentieren, das seinen Platz im intersubjektiven Netzwerk bezeichnen und als sein Vertreter im Anderen fungieren wird – mit anderen Worten, in dem es entfremdet sein wird... Der 'Verrückte' ist das Subjekt, das sich geweigert hat, in die Falle der erzwungenen Wahl zu tappen und zu akzeptieren, daß es 'immer schon gewählt hat'. Der Verrückte hat die Wahl ernst genommen und wählt das unmögliche Gegenteil des Namen-des-Vaters, d. h. der symbolischen Identifikation, die uns einen Platz im intersubjektiven Raum zuweist. Daher insistiert Lacan darauf, daß die Psychose 'im Register der Ethik lokalisiert werden muß': Die Psychose ist ein Weg 'in seinem Begehren nicht nachzugeben', sie signalisiert unsere Weigerung, das Genießen gegen den Namen-des-Vaters zu tauschen.«[30]

Psychose oder Vergesellschaftung unter dem Namen des Vaters – der Kreis schließt sich bei Alternativen, die auch Julia Kristeva in dieser Polarität benennt.

Die erste Wahl ist also notwendigerweise die des Vaters. Aber für Lacan ist es für das Subjekt möglich, sich vom Druck des Über-Ich zu befreien, indem es die Wahl wiederholt: »Wenn die erste Wahl 'schlimm' ist, so ist ihre Wiederholung in ihrer formalen Struktur 'schlimmer', denn sie ist ein Akt der Absonderung von der symbolischen Gemeinschaft. ... Ein solcher Akt stellt den einzigen Moment dar, in dem man wirklich 'frei' ist.«[31] Interessanterweise nennt Slavoj Zizek Handlungen von zwei Frauen: das 'Nein' der Antigone und die 'suizidale Geste' von Gudrun Ensslin als Beispiele für 'authentische ethische Akte'. Vielleicht sind nur Frauen zu solchen 'Verweigerungen' und 'Überschreitungen' imstande?

Conclusio – für Subversionistinnen.

Das 'Nein' zum fundamentalen gesellschaftlichen Pakt, dem sich angeblich alle anpassen müssen, enthält den Moment einer verrückten Entscheidung, indem wir nicht das Ich, die symbolische Identität, das allgemeine Gesetz, sondern die Ausnahme, das partikulare Objekt, das aus der symbolischen Ordnung hinausfällt, wählen. Die Gründung und die Aufrechterhaltung der *F*RAUEN*h*etz als Ort und Idee kann durchaus als Versuch in diesem Sinne gesehen werden.

»Kollektives Handeln ist dann politisch, wenn es seinen Gebrauchswert gewinnt aus der Bildung von Gemeinwesen, wenn es dem Schutz dieses Gemeinwesens dient und dessen Entwicklungsmöglichkeit befördert … es ist so reich, wie es Zusammenhang herzustellen vermag.«[32]

Unserer Ansicht nach ist die reduktionistische Gleichung der Symbiose 0+0=0 frühestens seit dem 1. Frauenprojekt und spätestens nach der Gründung der *F*RAUEN*h*etz durchbrochen worden.

Es gab und gibt uns, und zeitweise haben wir auch etwas zu lachen[33] – mit und jenseits der Ab/Be/Zuschreibungen.

Und zum Rest wird uns immer wieder etwas einfallen.

[1] Sarah Lucia Hoagland 'Die Revolution der Moral'; Berlin 1991, S. 143

[2] Regine Reichwein 'Über das begehrende Zugreifen und das Zerstören von Trennendem'; in: Christine Kulke, Heidi Kopp-Degethoff, Ulrike Ramming (Hg.), Wider das schlichte Vergessen; Berlin 1992, S. 165

[3] Regina Becker-Schmidt 'Frauen und Deklassierung. Geschlecht und Klasse'; in: Ursula Beer (Hg.), Klasse Geschlecht; Bielefeld 1987, S. 217

[4] Elisabeth Lenk 'Kritische Phantasie'; München 1986, S. 158, 160

[5] Regine Reichwein, s.o., S. 161

[6] siehe dazu die Podiumsdiskussion von Mater/Maestra

[7] nachdem innerhalb der kommunistischen Ideologie das Geschlechterverhältnis als Nebenwiderspruch galt, haben wir zwecks Verdeutlichung hier und in Folge auf die Einbeziehung weiblicher Endungen verzichtet.

[8] Slavoj Zizek 'Grimassen des Realen'; Köln 1993, S. 59, 60

[9] Dem Feminismus ist unter dem Paradigma der Unterdrückung 'Männerfeindlichkeit' immer schon implizit. Deshalb ist die vehemente Distanzierung vieler Frauen gar nicht erstaunlich. Denn im Unterschied zum Arbeiter teilen die meisten Frauen mit ihrem 'Feind' Tisch und Bett – solch intime Beziehung nötigt zu Loyalität.

[10] Christina Thürmer-Rohr 'Vagabundinnen'; Berlin 1987, S. 106

[11] Rudolf Maresch 'Am Ende vorbei'; Wien 1994, S. 272

[12] Karin Lützen 'Frauen lieben Frauen'; Hamburg 1990

[13] Sigmund Freud 'Drei Abhandlungen zur Sexualtheorie'; Frankfurt 1961, S. 88 ff

[14] Jessica Benjamin 'Die Fesseln der Liebe'; Frankfurt 1990, S. 86

[15] Julia Kristeva 'Geschichten von der Liebe'; Frankfurt 1989, S. 82

[16] Gerburg Treusch-Dieter 'Autonomie auf der Überholspur: Ein mobiler Parcours zwischen Anfahrt und Einfahren'; in: Verein zur Förderung von Frauenbildunsprojekten (Hg.), Autonomie in Bewegung; Wien 1991, S. 252

[17] Elisabeth Lenk, s.o., S. 154

[18] Julia Kristeva, s.o., S. 83

[19] Birgit Cramon-Daiber u.a. 'Schwesternstreit'; Hamburg 1983

[20] s.o., S. 65 ff

[21] s.o., S. 90 ff

[22] Regine Reichwein, s.o., S. 160

[23] Marie Sichtermann 'Zur Notwendigkeit einer kreativen Streitkultur in der Frauenbewegung'; in: Frauenberatung Wien (Hg.in), Zusammenspiel und Kontrapunkt; Wien 1993, S. 59

[24] siehe dazu auch Christina Thürmer-Rohr, »Befreiung im Singular« in:Verlorene Narrenfreiheit; Berlin 1994

[25] Slavoj Zizek, s.o., S. 73

[26] s.o.

[27] s.o.

[28] Marie Sichtermann, s.o., S. 77

[29] Slavoj Zizek, s.o. S.74

[30] s.o.

[31] s.o. S.76

[32] Oskar Negt und Alexander Kluge 'Maßverhältnisse des Politischen'; Frankfurt/M., 1993, S. 16

[33] Eines der beeindruckendsten Beispiele für weibliche Verbündung ist eine Szene aus dem Film 'Das Schweigen der Christine M.' – Vier Frauen werden des Mordes an einem Boutiquebesitzer angeklagt. Während des Plädoyers des Staatsanwaltes auf Unzurechnungsfähigkeit fangen alle Frauen im Gerichtssaal, zuerst die Angeklagten, dann die Zuhörerinnen und zuletzt die Verteidigerin, an zu lachen. Dieser weibliche Chor des Lachens, in unterschiedlichen Modulationen, füllt den Raum und setzt die männliche Ordnung außer Kraft.

Birge Krondorfer

ZUR DISPENSIERUNG VON DISSIDENZ. APPLIKATION ZUR FEMINISTISCHEN THEORIEBILDUNG.

Die Formulierung eines meta-emphatischen Textes, der die – notwendig schmerzliche – Differenz zwischen Wunsch und Wirkung von 'Prozeßprodukten' aufnimmt, ohne partikuläre Ansprüche nachzuklären, stellt eine Probe mit Exempel dar. Gleichsam geht es gerade um die Reflexion dieser sich in weiblich-politischen Kollektiven überhaupt wiederholenden Differenz, die von äußeren Anordnungen ebenso bedingt wird, wie sie von inneren Unordnungen bestimmt ist.

Nicht gegenläufig – jedoch kritisch gegenüber einen zunehmend auch in den gesellschaftlichen Denkburgen sich institutionell verankernden Feminismus, bemühen sich die Überlegungen um etwas, das zunehmend aussteht und darum umsomehr ansteht: die Problematik der praktischen Entpolitisierung der feministischen Theoriebildung.

»In dem Maße, in dem die Frauenbewegung zu einer Projektebewegung geworden ist, wurde feministische Politik zur Geldbeschaffungspolitik degradiert. Frauenräume sind meist an bestimmten (Mittelschichts- bzw. Arbeitsplatz-)Interessen orientiert, Frauen suchen sie mehrheitlich als Klientinnen oder Konsumentinnen auf. Mit der Entwicklung dieser Situation ging eine Entpolitisierung der Projekte und eine Entsolidarisierung zwischen ihnen einher.

Die Frauenbewegung ist und hat kein(e) öffentlicher(en) Ort(e) mehr. Kaum irgendwo können sich Frauen als politische Subjekte in Frauenräumen zusammenfinden, Meinung bilden, ihre Interessen abstimmen und diskutieren. Eine Vermittlung von feministischer Theorie und Praxis, ein Essential feministischer Politik, findet nicht mehr statt.

Die westliche feministische Theoriebildung hat sich in die dünne Luft des universitären philosophierenden Diskurses verflüchtigt. Es werden die jeweiligen wissenschaftlichen Vorgärten gepflegt und ausgebaut. Die verkündeten Erkenntnisse sind oft banale, sprachlich aufgeblasene Alltagserfahrungen. Da diese Wissenschafterinnen die feministisch-politische Praxis meiden, können sie den Absturz ihrer 'Theorie' nur durch eine 'Herrschaft der Diskurse' – u.E. eine adäquate Bezeichnung des derzeitigen Standes der postmodernen bzw. neofeministischen theoretischen Auseinandersetzung – hinauszögern. Die Praxisabstinenz auf der einen Seite führt zur Theorieabstinenz auf der anderen Seite. Ein so entleertes feministisches Alltagsbewußtsein ist der Zurichtung durch Medienmassage ausgeliefert.«[1]

Gleichzeitig geht es um einen vorläufigen Anlauf einer (Selbst-)Reflexion von geronnenen Realabstraktionen, die als Projekt, Prozeß und Produkt lauten könnte: Denkformen und Organisationsinhalte. Zur feministischen Theorie- und Praxisbildung (als) selbstbewußte(r) soziale(r) Konfiguration(en).[2]

Es handelt sich, in nur einigen Grundsatzhypothesen, um ein Wissen, das die 'ökonomische' Verbindung von Wissen und Handeln andenken möchte; oder sich darum bemüht, die Spaltung zwischen Wissen und Handeln, der in einem »reflexiv gefederten Bewußtsein zynischer Subjekte«[3] Rechnung getragen wird, als Anpassung und Übergriff auf die Frauenbewegungen und ihre Denkmodalitäten zu begreifen.

Es ginge also um eine Philosophie der Praxis und der Theorie(produktion) in feministischer Hinsicht ebenso wie Absicht, was die Absicht in jeder Hinsicht ungemein erschwert: ist doch die hier 'angenommene' Aussicht – »hineinzuspringen … in jenen selbstanalytischen Prozeß der menschlichen Gattung, wo in den kollektiven Symptombildungen sowohl Blockaden als auch Suchunternehmungen ausgemacht werden können und wo das Objekt der Erkenntnis den Erkennenden auf die Notwendigkeit verweist, sich ihm als einem Rätsel zu nähern; einem Rätsel, das er zum einen lösen muß, an dem er aber zugleich selbst schon teilhat«[4] – nicht jedermann und jeder Frau einsichtig. Denn: »Wir würden damit eine Selbstreflexion in Gang setzen, die sich notwendig am faszinationsgeschichtlichen Substrat unserer Kultur abzuarbeiten hätte. 'Faszinationsgeschichte' meint: was uns heute, durch die Geschichte hindurch, anzieht wie abstößt, als unerledigte Konflikte zu lesen, die heute noch bei unseren Entscheidungen und Vorlieben mitreden. Eine Gattungsanalyse anzustrengen, die von der Faszinationsgeschichte als kollektiven Symptombildungen ausginge, wäre da ... keine schlechte Aufgabe für die Philosophie. Eine Aufgabe, die indessen mehr erfordert als nur zu 'philosophieren'...«.[5]

'Indessen mehr erfordert als nur zu theoretisieren und zu forschen' – scheint für eben derart tätige (weibliche) Subjekte mehr Aufgeben denn Aufgabe zu bedeuten, wie ebenso umgekehrt, die an die Praxis Gefesselten Denken und Schreiben bloß als luxuriertes Privileg und nicht als Arbeiten zu erachten sich genötigt fühlen.

Hier jedoch geht es in erster Linie um die Bedingungen und Notwendigkeiten der Bemüßigung von Wissenschafterinnen, sich in herkömmlicher (weil sicherheitsspendend, aber auch bequem, was in Anbetracht des steinigen Wegs in Positionen verständlich ist) Form hinter der Autorität von Wissenschaft zu verschanzen: In Gestalt eines (narzißtischen) Diskurses, der sich monadologisch ex cathedra phallisch begabt (re)produziert – und allein meisterlich 'leitert'. Hierarchisierte Lehre usurpiert die Genese eines zu-sich-kommens, einer Individualität, die sich anwendet gegen Beliebigkeit, welche als Liberalität ausgegeben wird. Und sich oftmals verwechselt mit weiblicher Emanzipationsfähigkeit: abstrakte 'Befreiung', weil sie absieht von der Chance das Gemeinsame des Erkenntnisbedürfnisses zu eruieren, zu reflektieren und in politische Felder zu 'übersetzen'. Anders zum Ausdruck gebracht: es geht um die Frage politischer Verkörperungen der Theoriebildung und der in ihr Tätigen.

Wenn die Menschheitsgeschichte »sich (bei zulässiger Simplifizierung) als fortschreitende Differenzierung sozialer Körper beschreiben läßt«,[6] so haben die Frauen die ihren noch nicht er- oder gefunden. Ein möglicher Hinderungsgrund mag unbewußt noch darin liegen, daß es in weiblichen Zusammenhängen noch kaum eine Geschichte zur Individuation gibt – was von der Psychoanalyse (Mutter-Tochter als praeödipale Suppe) sowieso als 'Ding' der Unmöglichkeit betrachtet wird. Dies verweist auf die Schwierigkeit – die, wenn Frauen mit Frauen zusammentreffen noch verstrickter ist – daß prinzipiell »Sozialkörper und Individualkörper eine schwerlich dissoziierbare Einheit bilden: 'Unvermeidliche Eigen-Identität und Gruppen-Identität werden unlösbar miteinander verklammmert'.[7] Solche Verklammerung ermöglicht Individualisierung im Schutzraum des sozialen Körpers, um sie sogleich zu normieren: Kants 'Faktum der Vernunft'.«[8] Anscheinend ist die Versuchung, sich in männliche Kriteriologien des Gesellschaftskörpers zu absorbieren, ebenso groß, wie die gesellschafts-ökonomisch geförderte (geforderte) Verabsolutierung einer (konsum- und produktorientierten) Subjektivität, die Einzeltum mit (gem/einsamen) Eigensinn vertauscht. Weil die systematische Verschränkung und Verwobenheit von Sozialität und Körperlichkeit, Denken und Organisation historisch noch kein weibliches Gestaltungsprinzip und Terrain innehat, ist es einfacher sich in maßgebliche Initiationspraktiken und (Opfer)Rituale einzulassen, als sich auf die verwobene Verlassenheit weiblicher Atopien zu verlassen.

Dies möchte nicht als Vorwurf und Imperativ verlesen sein, ist doch die Auseinandersetzung mit der Organisationsgeschichte der Denk- und Wissenskultur kaum irgendwo Diskursgehalt. Die einsichtige Feststellung – »die Organisation der Denker bestimmt die Organisation der Gedanken«[9] – ist so einfach wie für die meisten, der nicht nur männlichen Meister in den Wissensfabrikationen, unbekannt und un/an/erkannt. »Die Organisation der Theoretiker... bleibt aber dem Gedanken kein äußerliches Element, sondern bestimmt die Möglichkeiten seiner Entwicklung. Das ist natürlich nicht nur ein Dilemma, sondern ebensogut eine unverzichtbare Chance: neue Gedanken ermöglichen auch eine neue Form der Assoziation von Menschen.«[10]

Dies bedürfte aber eben einer Verknüpfung der Doppelbedeutung des Begriffs der 'Assoziationen' selbst. Auch feministische Denkarbeit hätte sich also vornehmlich um die Reflexion des Gesellschaftskörpers als ein mit bestimmter 'Wahrheit' ausgestattetes Sozialgebilde zu bemühen – ohne ihre historische, individuell und kollektiv vorausgesetzte, Einbezogenheit zu verleugnen: »Der Körper als soziales Gebilde steuert die Art und Weise, wie der Körper als physisches Gebilde wahrgenommen wird; und andererseits wird in der (durch soziale Kategorien modifizierten) physischen Wahrnehmung des Körpers eine bestimmte Gesellschaftsordnung manifest. Zwischen dem sozialen und dem physischen Körpererlebnis findet ein ständiger Austausch von Bedeutungsgehalten statt, bei dem sich die Kategorien beider wechselseitig stärken... – kurz, all die kulturell geprägten Kategorien, die die Wahrnehmung des Körpers determinieren, müssen den Kategorien, in denen die Gesellschaft wahrgenommen wird, eng korrespondieren, weil und insofern auch diese sich aus kulturell verarbeiteten Körpervorstellungen ableiten.«[11]

Dies gilt evidentermaßen für ein Denken der Geschlechterdifferenz ebenso, wie für die Reflexion phallozentristischer Konstruktionen der Frau/des Weiblichen als das bislang naturbegriffene und nunmehr artifizielle Andere des Selben (- und derGleichen).

Aber und vorrangig geht es um die bislang fehlende assoziierte Reflexion des delogierten, dislozierten und dissoziierten weiblichen Sozialkörpers. Diese (noch) nicht existierende 'res publica' ist, auch insoferne sie erst gar bloß kleinräumig versucht wird, ein ungeliebtes Unterfangen. Denn unsere offensichtliche Besonderheit, wird zur Besonderung, die vorwurfsvoll zwischen Elitarismus und einer under-dog-Existenz angesiedelt wird, wobei dies Ausdruck und Abwehr von Ängsten vor/mit dem unbewohnt Ungewöhnlichen in Korrespondenz mit negativen Anerkennungen darstellen kann. Umgekehrt sind die Anwürfe und Ver/Beurteilungen subjektiv auch schwer zu ertragen, ist doch jeder Versuch so dornig wie empfindlich wie angreifbar. Nicht zu unterschlagen sind die vielen Regressionsfallen, die auf diesem Weg liegen: 'Angebote' des Rückgriffs auf überholte Kleinkollektiv- und Organisationsmodelle, sowie die allgemein 'geförderte' Flucht nach vorne ins 'zynische Syndrom': »Die individuell-beliebige, verbitterte oder boshafte, melancholische oder sadistische Einsicht in die Auswegslosigkeit der Geschichte, die sich über unseren Köpfen vollziehe.«[12] Gegen diese Verdrängung der Verdrängung stünde eine »Reflexion auf die Mitte ... als Verkörperungsdenken«[13] an. Nicht als verSöhnlerische Vermittlung aufgehobener Disparatheiten, nicht als »Postulatorik des 'höchsten Gutes' oder der 'Identität von Substanz und Subjekt'... als Phantasmagorie einzelner Denker«,[14] sondern als Bewilligung eines atopischen Ortes, der irgendwie vorvertraut ist und bei Aufbruch zu 'Extremen' – als Haltung des Besonderen und Gestaltung von Distanz – etwas verbindend hält, was nicht versprochen werden kann. Auch wenn das Folgende noch zu bedeuten übrig läßt und bislang keine gültige Darstellung zugelassen werden kann, so trägt es doch eine Ahnung im Ausdruck: »Wenn die Frauen keinen Gott haben, können sie nicht kommunizieren, auch nicht untereinander. Ist das Unendliche notwendig, brauchen sie es, um ein wenig zu teilen? Wäre es nicht so, so zöge das Teilen Fusion-Konfusion, Zwietracht und Uneinigkeit in ihnen und zwischen ihnen nach sich. Wenn ich mich nicht auf irgendeine Perspektive der Erfüllung meiner Gattung beziehe, kann ich nicht teilen und dabei zugleich mein Werden schützen.«[15]

Das ist (bei Gott) nicht 'katholisch' zu verstehen. Seit Gottes Tod zur Plattitüde und die Vernunft zur Attitüde ge/zerronnen ist, wirkt die bloße Artikulation einer Distanz zu dieser Welt wie ein posthumes metaphysisches Postulat. Doch ist damit vielleicht eine entzweite Nähe zu einer Immanenz möglich geworden, die eine Kritik der subjektiven Verstände zuläßt, welche nicht auf eine verloren gegangene objektive Vernunft rekurrieren muß (und darf). Es geht um »die neuartige Gestalt sozialer Körper, die sich die Kompetenzen zur Selbstreflexion und zur Selbstregulation anzueignen vermögen.«[16] Als und in Kritik, als und in Geduld. Nicht im Sinne von individuellem Selbstbewußtsein – »das sich natürlich in den Sozialkörper hineinträgt, ohne ihn doch einer organisatorischen Selbstreflexion zu unterziehen«.[17] Nicht in der einfachen projektiven Übernahme systemtheoretischer und konstruktivistischer Funktionabilitäten, welche Selbstorganisationsfähigkeit als 'Automatismus' aller evolutionären Systeme proklamiert – unter Auslassung und Leugnung handelnder Menschen.

Doch bevor der 'sich seiner selbstbewußte soziale Körper' als allgemeiner zum Allgemeingut werden kann, müssen allererstmal ein, nein viele 'selbstbewußte weibliche soziale Körper' tätig und denkend 'hergestellt' werden.

Einiges gibt es zu wählen, weniges gilt es zu entscheiden.

[1] Editorial in: 'Feminis-muß'; beiträge zur feministischen theorie und praxis; Sozialwissenschaftliche Forschung & Praxis für Frauen e.V. Heft 35; Köln 1993 S. 6

[2] vgl. einen ersten Analyseversuch: Birge Krondorfer 'Weibliche Autonomie. Perseveration oder Perversion'; in: Nathalie Amstutz/Martina Kuoni (Hg.), Theorie – Geschlecht – Fiktion; Basel 1994

[3] Peter Sloterdijk 'Kritik der zynischen Vernunft' 1.Bd.; Frankfurt/M. 1983 S. 38 f

[4] René Weiland 'Verkörperungsdenken'; in: René Weiland/Wolfgang Pircher (Hg.), Mythen der Rationalität. Denken mit Klaus Heinrich; Wien/Berlin 1990 S. 27

[5] ebd.

[6] Peter Heintel/Thomas H. Macho 'Der soziale Körper: Kynismus und Organisation'; in: dies., Peter Sloterdijks 'Kritik der zynischen Vernunft'; Frankfurt/M. 1987 S. 303

[7] zit. in ebd. S. 306; Dieter Claessens 'Das Konkrete und das Abstrakte. Soziologische Skizzen zur Anthropologie'; Frankfurt/M. 1980 S. 36

[8] P. Heintel/Thomas H. Macho; ebd. S. 306

[9] Thomas H. Macho 'Gedankenorganisation'; in: Gerd B. Achenbach (Hg.), Philosophische Praxis; Köln 1984 S. 161

[10] ebd. S. 173

[11] Michel Douglas 'Ritual, Tabu und Körpersymbolik. Sozialanthropologische Studien in Industriegesellschaft und Stammeskultur'; Frankfurt/M. 1974 S. 99

[12] P. Heintel/Thomas H. Macho; ebd. S. 315

[13] R. Weiland; ebd. S. 28

[14] P.Heintel/Thomas H. Macho; ebd. S. 317

[15] Luce Irigaray 'Genealogie der Geschlechter'; Freiburg i. Br. 1989 S. 103

[16] P. Heintel/Thomas H. Macho; ebd. S. 317

[17] ebd.

III. FEMINISTISCHE PROSPEKTE – SCHNITTFLÄCHEN

FEMINISTISCHE PROSPEKTE:

Zwei Vortragsreihen 1992/1993
an der Universität Wien

Marcella Stecher: Im Anfang

Uli Weiss: Tragödie, Krieg und Differenz

Katharina Pewny: Die Antike, die Mythe – eine Leidenschaft

Kathrin Heinzel: Über Puppen, Machinationen und Monströsitäten

Veronika Zangl: Du sollst nicht begehren ...

Christa Nebenführ: Einmal tour/retour: von der sexuellen Befreiung zum sexuellen Mißbrauch – und zurück

Sabine Bürscher: Die Radikalität der Erkenntnis

Gudrun Perko: Fixierbilder und Bildung im Zeichen des Geistes?

Ulrike Sladek: (Zwischen) Äußerung und Entäußerung

Renata Fuchs, Gabriela Prosek: Fem-intern: über das Begehren des Begehrens, das den Verschleiß nicht ausschließt

Juliane Alton: Obszön!

Eveline Pammer: Auf den Spuren der Angst

Margarethe Buchschwenter, Bernadette Karner: Frauen, die gehen – Frauen, die bleiben

Jadja Wolf: Yoko Tawadas 'Bad'

Marcella Stecher

PROSPEKTE AN DER UNI[1]
(oder: Intermezzo beim Zwischenwirt[2])

»Meine Situation besteht darin, auf beiden Seiten der Grenze zu wohnen und nicht einfach ein Grenzgänger zu sein, sondern ein doppelter Grenzgänger, stets ein Fremder. (...) Auf Reisen haben mich immer wieder die Leute überrascht, für die die Reisezeit nicht zählt. Für mich dagegen ist sie fast das Wesentliche. Die Reisezeit oder zwei Stunden Wartezeit am Flughafen sind, glaube ich, weder Verlust noch Gewinn. Schließlich lebt man dabei ja ebensosehr. Doch obwohl soviel kommuniziert wird, existiert für diese Leute die Zeit nicht. Für sie existiert die Zeit nur als erstarrte Zeit, wenn man sagen kann, daß man an dem Ort bleibt, wo man eingetroffen ist und von wo aus man wieder aufbrechen muß, und zwischen beiden existiert nichts. Ich glaube gerade dieses Zwischen ist das, was existiert.«[3]

Die »Feministischen Prospekte » bezeichnen ein selbstorganisiertes feministisches Projekt, das (im WS 92/93 und SoSe 93) einen zweisemestrigen interdisziplinären Vortragszyklus bestritt, derzeit und auch an anderen Orten sich jedoch immer noch mit dem Nach- und Ausdenken von Zwischenräumen beschäftigt.[4]

Über die Zeit ereignete sich einiges an Aufbrüchen, Grenzverletzungen wie -überschreitungen, Stillstand und was immer sonst noch an Beweglichkeit vorstellbar ist; an dieser Stelle jedoch soll von der Befindlichkeit einer Position »zwischen allen Stühlen« (bzw. was dieser dennoch abzugewinnen wäre) die Rede sein.[5]

PROSPEKTE (lat. »Hinblick, Aussicht«) verweisen etymologisch auf: eine meist mit Bildern versehene Werbeschrift, eine Preisliste, die Vorderansicht des Pfeifengehäuses der Orgel, den gemalten Bühnenhintergrund/Rundhorizont, eine perspektivisch meist stark übertriebene Ansicht einer Stadt, die allgemeine Darlegung der Lage eines Unternehmens...[6]

Das Rekurrieren auf die Universität als Veranstaltungsort für politisch motiviertes Vorstellen von Forschungsansätzen, Arbeitsschwerpunkten und feministischen Auseinandersetzungsfeldern bezieht sich auf unsere Herkunft: Die tragende Projektgruppe (verantwortlich für das Konzept sowie für die Organisation) gründete sich aus jenen Frauen, die im Anschluß an Birge Krondorfers Seminar »Ethik und Geschlechterdifferenz« (SoSe 91) in einem Theorielesekreis die aufgeworfenen Fragestellungen weiter diskutierten, sowie zur Mitarbeit eingeladenen interessierten Freundinnen (SoSe 92). Die Initiation der interdisziplinären feministischen Vortragsreihe sollte unseren unterschiedlichen topographischen Herkünften (wie Erfahrung feministischer Schwarzarbeit an der Basis von Frauen/Lesbenprojekten oder im wissenschaftlichen Off oder mit k-einem Bein an der Uni beheimatet...) ebenso wie den universitären Geschichten (feministische Alphabetisierung in Lehrveranstaltungen, theoretische Arbeitskreise, Instituts- und Fakultätspolitik) gerecht werden. Basierend auf dem gemeinsamen Interesse am Zusammenhang von feministischer Theorie und Politik ging es also um das kollektive Herstellen eines Zwischenraumes, der unseren unterschiedlichen Verortungen Rechnung trägt. Nach reflexiver Nachbearbeitung und Verschriftlichung (der gehaltenen Vorträge) erfolgte abschließend die Reflexion der Bewegung von Ansprüchen, der Erfahrungen angesichts des Verhältnisses von innen und außen (Selbstorganisation und Institution), sowie auch der »unsichtbaren« Arbeiten und Schwierigkeiten jenseits der Textproduktion.

EXKURS: Versuch einer theoretischen Begründung

Im Zusammenhang mit den aktuellen Trends, die zum einen das Verschwinden autonomer kollektiver Frauenzusammenhänge (wie z. B. Frauensommerunis) betreffen, dagegen die Institutionalisierung feministischer Großevents (Tagungen, Messen und Kongresse) befördern, droht der Begriff des »Feministischen« (samt seiner historischen und organisatorischen Ansprüche und Konzepte) zum Statthalter kultureller Hegemoniekonzepte unter Ausblendung sozialer Identitäten zu mutieren. Nichts gegen Cyborgs, dennoch: insofern Weiblichkeit/DIE

Frau als »versicherndes, heimliches Gegenteil der Selbstidentität des Mannes«[7] als ausgeschlossenes und polar entgegengesetztes Konstitutiv (abendländisch) phallogozentrischer Ordnung fungiert, impliziert eine Analyse der Geschlechter- und Machtverhältnisse zunächst die De- und Rekonstruktion der Herstellungsmodi eben dieser Kategorien. Im Spannungsfeld zwischen erkenntnistheoretischer Ignoranz (die feministische Theorienbildung als »Sonderanthropologie« und Extrathema in Frauentöpfe abgeschoben) und lohnender Aneignung (sattsam bekannt: der »radical chic« der Gender Studies inklusive angeschlossener Karrierechancen wie die ubiquitäre Präsenz handverlesener, biologisch männlicher Männerforscher) mündet die Anerkennung der Notwendigkeit von Dekonstruktion als wissenschaftlicher und politischer Verfahrensweise nicht zwangsläufig im Verlust sozialer Handlungsmöglichkeiten und politischer Verbindungskonstituenten.

»Anstatt das Verfehlen oder die Auflösung von Identität zu betonen, wäre es produktiv, genau die Momente (...) und Prozesse der Formulierung, Konsolidierung und Setzung von Identität nachzuforschen, vor allem in Bezug zur feministischen Politik. Eine Politisierung des Begehrens. Auf der Ebene des Sozialen mag Identität unterdrückt sein, auf der Ebene des Psychischen mag sie fiktiv sein – aber was ist mit Identität auf der Ebene des Politischen?«[8]

Eine feministische Identität anzunehmen, könnte vielleicht heißen, eine Position einzunehmen, von der die Rede und Agentinnenschaft ausgeht, die jedoch nicht die selbstgewisse Autorität der (phantasmatischen) männlichen Identität und Autorität beansprucht.

Nach diesem streitbaren Ausweis zurück zu den prospektierten Möglichkeiten unseres Projekts: Der Wunsch nach Selbstsetzung(en) und dem Verbinden von theoretischer Arbeit mit politischem Handeln erfordert die Infragestellung der Institution (betreffend die Konstruktion von Wissen, die Vergabe von Anerkennung etc.). Frauen als Leerstelle in der Lehre und deren Rezeption können sich nur dann ins Spiel um Wissen und Macht bringen, wenn sie um die Regeln ihres Ein- und Ausschlusses wissen. So wollten wir Prospektefrauen den weiblichen Pariastatus auch dazu nutzen, uns in Bezug zum Ort unserer theoretischen Herkunft zu setzen, um gerade dort unsere »Eigenheit« in der Differenz zu thematisieren bzw. in diesem Akt der Wiederholung auch eine Verschiebung anbringen. Diese bezieht sich auf mehrere miteinander vernetzte Ebenen und Intensitäten im Gefüge der Wissensproduktion und deren Vermittlung: zwischen organisatorischen Plena, inhaltlichen Arbeitsgruppen, dem Probedurchlauf und der öffentlichen Repräsentation.

Ursprünglich hatten wir gehofft, den Vorlesungszyklus als nicht remunerierte Lehrveranstaltung abzuhalten (und damit auch den Zuhörerinnen einen Zeugniserwerb anzubieten). Da wir auf die Inanspruchnahme einer (institutionalisierten) Matronanz verzichteten, weder das Kollektiv noch Birge Krondorfer die Qualifikationseignung passierten, schlug dieser Versuch einer »Institutionalisierung« fehl. Eingeräumt wurde seitens der Uni die Nutzung des Raumes, den wir nach heftigen Debatten zugunsten der Etablierung des interdisziplinären Präsentations- und Diskussionsforums dennoch »besetzen« wollten.

Im Angebot einer feministischen Öffentlichkeit sollte es darum gehen, das universitär erworbene Instrumentarium der Kritik für unsere Erkenntnisinteressen einzusetzen, sowie die vermeintliche Diskrepanz zwischen feministischer Theorie und Praxis zu thematisieren. Als Studentinnen in der Diplomphase wollten wir Kritik und Anerkennung für unsere Arbeiten, sowie in den interdisziplinären Kleingruppen an Vermittlungs- und »Übersetzungs«prozessen versuchen, die auch den Sprung vom produktorientierten vereinzelten Arbeiten hin zu inhaltlich und organisatorisch vernetzten Bezügen und Bewegungen wagen. Auf der Ebene der Institution widersetzt sich unser Projekt immerhin zwei konstitutiven Aspekten der traditionellen Wissensvermittlung: der Genealogie männerbündischen Verkehrs und der Fragmentierung von Wissen in Disziplinen.

Die Realisation (oder besser: das Durchkämpfen) unserer Vorstellungen auch als Verwirklichung unserer Differenzen begründete sich letztendlich im Herstellen von Querverbindungen untereinander, die im produktiven Zusammenhang von Macht- und Denkverhältnissen auch den Hintergrund von Zusammenarbeitsweisen und ihre Reichweite bzw. Begründung zur gesellschaftlichen wie subkulturellen Bezügen erhellen. Als Chimäre im Betrieb (zwischen drinnen und draußen/-bleiben wollen) kann das Gelingen dieser zumindest situationsbezogenen Theoriebildungen ihre Relevanz vor allem unter dem Primat der Vorläufigkeit beanspruchen.

»Der Definition nach ist jeder Brücken-Diskurs (als einer zwischen oppositionellen Bewegungen und akademischer Disziplin, Anm. MS) dem Zugriff von wenigstens zwei Seiten zugänglich. Folglich ist es jederzeit relevant zu fragen: Was geht in dem Prozeß verloren, was wird darin verändert? Wie wirkt sich – gebrochen durch die Einwirkung der Profession auf die soziale Bewegung – die soziale Bewegung auf die Profession aus? Wie ist das Verhältnis von Kosten und Nutzen bei dem Versuch, sie zusammenzubringen?

Dennoch möchte ich darauf bestehen, daß diese Fragen nicht als Grundsatzfragen, sondern als situationsgebundene, strategische Fragen behandelt werden – und darauf, daß es prinzipiell keine Alternative zum Bau von Brücken gibt.«[9]

REALITY BITES[10]

Nachzutragen bliebe an dieser Stelle, Ausschnitte aus dem nicht/geleisteten Anspruchskatalog vorzustellen. Leider wirken auch »Prospekte« wie Schleier oder Screens, d. h. neben der Verführung des Publikums erzielten wir (dank oder trotz?) ausgetüftelter Organisationsstrukturen (Vorbereitungsgruppen und Plena) einen vor/hinter den Kulissen-Effekt. Da die intendierte plenare Auseinandersetzung zur feministischen Theorie-Praxis-Relation sich durch ständigem Aufschub auszeichnete, wurden damit verdrängte und tabuisierte Positionierungen und Konflikte unter dem Vorwand der (implizit politischen inhaltlichen bzw. methodischen) Gestaltung des jeweiligen Vortrag ausgespart, so daß die Kommunikation von Positionen sich auf die Ebene des organisatorischen Planens verschob: beispielsweise gab es keine Debatte zur Frage, ob die Vorlesungsreihe exclusiv für Frauen oder vor gemischtem Publikum stattfinden sollte, das jeweils angesprochene Publikum fiel unter die Autorität und das Selbstverständnis der Referentin. Durch unterschiedliche Verbindlichkeiten der Zusammenarbeit (die zwischen dreimaligen wöchentlichen Treffen im WS und eher vereinzelter Arbeit im SoSe variierte) blieben für viele (für diejenigen, denen aufgrund jahrelanger Projekteerfahrung die Bereitschaft zu Disput und Positionierung in der Gruppe eher abging) jene durchaus stattfindenden »Herzeröffnungen« (à la »Was Du schon immer über meinen feministischen Politikbegriff wissen solltest, ich aber öffentlich nicht zu sagen wage ...«) ein Geheimnis.

Nach außen markierte diese Zaghaftigkeit gegenüber den eigenen Ansprüche in der Übernahme konventioneller wissenschaftlicher Normen – letztlich traute sich keine an eine Werkstattschau; statt dessen wurden dichte monologische Vorträge anstelle einer Thematisierung methodischer Probleme, große Entwürfe und Bögen anstelle intertextueller Vernetzung und Bezugnahme, geboten.

AUFZEHRUNG DER UTOPISCHEN ENERGIEN?

»Die Dekonstruktion kann nur ein »doppeltes Spiel, ein doppeltes Schreiben« sein. Sie muß die gewalttätige, eruptive Zeitlichkeit des Bruches gegen eine eigene Temporalität austauschen: die Zeit der geduldigen, ausdauernden, unaufhörlichen Arbeit einer Penelope oder eines Sisyphus – eine »äußerste Wachsamkeit und vielleicht ein stillschweigender Kummer.«[11]

Auslassungen (dessen, was kleingruppige Struktur verbarg) finden sich in der schriftlichen Bearbeitung der Vortragstexte – deren Veröffentlichung ursprünglich intendiert war, hinsichtlich des »affirmativen« Charakters aufgegeben wurde (dieses Wissen wollten wir nicht vermitteln und kann »anderswo« untergebracht werden) zugunsten eines Blickwechsels darauf, unter welchen Voraussetzungen parteiliches, kritisches, ortsgebundenes Wissen hergestellt und vermittelt werden kann.

»Wenn die spezielle Stärke des Feminismus die Eigenart ihrer Politik ist, geht es darum, den Strukturen von Wissen Beachtung zu schenken, die es erlauben, daß diese Eigenart produziert wird.«[12]

Das Feedback/die Kritik des heterogenen Publikums (zwischen kontinuierlichem Dauerbesuch und ausgewähltem Spezialinteresse) »im

Auge«, legen wir in dieser Veröffentlichung vor allem Wert auf das Sichtbarmachen unserer Produktionsbedingungen. Darüber hinaus zeigt unsere Analyse (die sich um die Effekte des Projekts ebenso wie seiner Geschichte sorgt) jenseits des »Wiedererkennungseffektes« frauenprojektierten Handelns, daß »zwischendrin« (und überhaupt!) nicht nur der »Lustverlust« einzuklagen ist, hingegen die Erinnerung an heißdiskutierte Vortragsfrühstücke (samt gewonnener Erkenntnisse....), Feste und heftige Politstreits verbindend und ansteckend zur Weiterarbeit in anderen Projekten wirkt.

»Der bewußte Eintritt in ein Verhältnis ist, wie man aus Erfahrung weiß, noch lange nicht wie sein Verlauf.

Der bewußte Eintritt in den ungleichen Tausch ist keine Garantie gegen Verführung.

Verführung gründet sich darin, daß sie nicht sagt, was sie will, sondern sie sagt es so, daß die Verführte meint, sich selbst für etwas entschieden zu haben.« [13]

[1] Dieser Artikel wurde bereits publiziert in: AUF eine Frauenzeitschrift 95. Wien 1994. S. 29–32.

[2] Der oft als Überträger dienende Wirtsorganismus einer parasitisch lebenden und regelmäßig den Wirt wechselnden Tier- oder Pflanzenart, auf oder in dem sich diese ein- oder ungeschlechtlich vermehrt

[3] Jean-Luc Godard »Liebe Arbeit Kino «; Berlin 1981, S. 42/43

[4] Als eine von vielen erhebe ich im Folgenden nicht den Anspruch für alle zu sprechen. Im Sinne der Kontinuität der immerhin bislang vierjährigen Zusammenarbeit impliziert das Pronomen »wir« all jene, die sich mitgemeint wissen wollen.

[5] Genealogisch verdankt sich dieser Text nicht nur unzähligen Treffen und Diskussionen, sondern materialiter auch Bausteinen von Sabine Bürscher und Katharina Pewny.

[6] zitiert nach: Duden »Etymologie «; Mannheim/Wien/Zürich 1989

[7] Bettina Menke 'Dekonstruktion der Geschlechterdifferenz' -Vortrag gehalten bei der Tagung Verwirrung der Geschlechter; München Juli 1994

[8] Mary Ann Doane 'Post-Utopian Difference'; in: Elizabeth Weed (ed.), Coming to Terms. Feminism, Theory, Politics; London/New York 1989, S. 77

[9] Nancy Fraser 'Widerspenstige Praktiken. Macht, Diskurs, Geschlecht'; Frankfurt a. M. 1994, S. 26

[10] Neben Linklaters 'Slackers' DER (mainstream) Kultfilm über die Orientierungslosigkeit der Generation X.

[11] ebd. (Derrrida zitierend) S. 111

[12] Elizabeth Weed 'Introduction'; in. E. Weed, a.a.O.,S. xxxi

[13] Mona Singer 'Vertrauen, Verführung und ungleicher Tausch'; in: Autonomie in Bewegung. 6. Österreischische Frauensommeruniversität. Texte, Reflexionen, Sub-Versionen; Wien 1991, S. 50

WIR HABEN UNS ABSICHTLICH GEFUNDEN ...

Eveline Pammer

... ZU EINEM AUTONOMEN FEMINISTISCHEN UNI-PROJEKT

Vier zentrale Punkte markieren feministische Politik im Feld Wissenschaft:

- Theorie
- politische Praxis
- Autonomie
- Institution.

Die Koordinaten der Vortragsreihe »Feministische Prospekte« kristallisierten sich aus dem gemeinsamen Wunsch/Bedürfnis von Frauen der verschiedensten Studienrichtungen nach Entwürfen, die die »herrkömmliche« Forschung und Lehre in inhaltlicher und organisatorischer Hinsicht überschreiten.

Feministische Kritik an den Machtverhältnissen, u. a. an androzentrischer Wissenschaft, motivierte diese Veranstaltung.

Folgende Ansprüche wurden an ein Konzept gestellt und zum Teil realisiert:[1]

autonome Politik

- kollektive Selbstorganisation
- nichthierarchische Entscheidungsfindung
- Selbstbestimmung/Selbstermächtigung der Referentinnen
- Konstitution einer feministischen Öffentlichkeit

die Institution betreffend

- Verweigerung der »Matronanz« habilitierter Frauen
- Auseinandersetzung über die Bildung inner- und transinstitutioneller Frauen-Lobbys

politische Strategie

- durch den Akt der Wiederholung eine Verschiebung anbringen
- Reflexion des Zusammenhanges von feministischer Theorie und Praxis, also der eigenen Situation

bezüglich der Theorie

- gemeinsames Erarbeiten und Vermitteln feministischer Theorie
- Dekonstruktion phallogozentrischer Ordnung
- interdisziplinäre wissenschaftliche Ansätze
- Kreation feministischer Wissenstraditionen

Das Projekt kann als feministische politische Erfahrung bezeichnet werden, in dessen Rahmen einige – nicht alle – der kritisierten Machtverhältnisse anders gestaltet werden konnten.

[1] ausführlicher dazu die Artikel von Marcella Stecher und Katharina Pewny

Marcella Stecher

ZUR MOTIVATION

Unsere nunmehr 4jährige Projektgeschichte läßt sich nicht subsumieren im stattgefundenen Vorlesungszyklus oder den verschriftlichten Vorträgen (nach dem Motto: aus eins mach fünf wären Artikel, ein Workshop, Feste, Podiumsbeiträge und das Erscheinen in dieser Broschüre zu nennen), sondern ließe sich beschreiben als Geschichte

»über irgendwelche Wahnsinnigen, die irgendein Projekt machen, das halb gescheitert, halb geglückt ist. Vielleicht gibt's ja Frauen, ich meine, ihr seid ja auch welche.«[1]

Denn:

»Wir haben uns absichtlich gefunden.«

Die Beantwortung der Frage nach der Bedingung der Möglichkeit von bzw. der Motivation dieser Zusammenarbeitsweisen situiert sich entlang der Achsen von Konstitution (der Gruppe bzw. dem Verhältnis zur Institution Universität), Prozeß, Repräsentation und Animation.

1. KONSTITUTION

(oder: woher resultiert das Wollen? Wie finden sich solche? Nach welchen Mustern choreographiert sich die Menge?)

Alle Teilnehmerinnen standen durch ihrer Sozialisation in Bezug zur Universität (von basisdemokratischer Unipolitik über das Durchlaufen der Scheinabsolvierung bis hin zur Veranstaltung von Tutorien oder Seminaren), so daß neben dem Selbstbezug wissenschaftlichen Arbeitens die Basis der Gruppe vor allem aus Verbindungen untereinander resultierte, wobei sich diverse Loyalitäten im Spannungsfeld von »persönlicher versus inhaltlicher Wertschätzung« oftmals kreuzten.

Die Entscheidung zur Begründung und Durchführung eines Projektes verdankt sich dem Wunsch nach Überwindung individueller Arbeitsweisen in Elfenbein- und anderen Türmen sowie der Herstellung einer gemeinsamen politischen Basis von Denk- und Produktionsverhältnisse in Form selbstorganisierter weiblicher Kollektivität.

Die intendierte Verortung – der Projektegruppe an der Universität ebenso wie der einzelnen Frau innerhalb des Kollektivs – erfolgte durch Orientierung an »Vorbildern« feministischer Provenienz (theoretisches affidamento?) wie auch durch den Bezug auf Geschichte(n)/Organisationsformen/Arbeitsweisen der autonomen Frauenbewegung, so daß eine »Struktur gebildet werden sollte, auf die frau sich beziehen und berufen kann«.

»Frauen sind eher Improvisationskünstlerinnen als Ingenieurinnen.«

Angesichts von Zeit und Aufwand der unbezahlten sowie re/produktiv anstrengenden Arbeit galt es, die Schwierigkeiten dieses exklusiven Zusammenhanges nicht nur als »Unterschied« wahrzunehmen, sondern resultierende »andere Erfahrungen« auch produktiv zu machen: zu nennen wäre zum einen die Verweigerung der »Genealogie des geistigen Erbgutes vom Vater zum Sohn« zugunsten der Frage nach der Mutter-Tochter-Ebene als »Raster der Anerkennung von Differenzen sowie der Frage von Zeugung und Geburt«; zum anderen die Ebene der »Schwesterlichkeit«, die ja nicht Zwillingsverhältnisse von Gleichen/Gleichwertigen betrifft, sondern vermittelt über eine gemeinsame Geschichte/ein gemeinsames Thema/eine ideelle Mutter etc. einen gemeinsamen Weg, die »kollektive Generativität von Gedankenspielen« zu beschreiten suchte. Nicht unerwähnt bleiben sollen die wie auch immer produktiven Liebesverhältnisse untereinander.

»But I remain ambivalent about whether to report the rumors I have heard, particulary because I am arguing that verification of any knowledge of another's sexuality is impossible.«[2]

2. PROZESS

Oder:

»Kein Mensch kann in seinem Leben je restlos befriedigt sein.«

So bergen die Glücksversprechen kollektiver Organisierung[3], die auf die Anerkennung durch andere Frauen setzen und damit Verbindlichkeit schaffen, dennoch ihre Schattenseiten, die vor allem auf der Bedrohlichkeit beruhen, die das durchaus radikale Infragestellen von Lebens- und Arbeitsweisen und die erforderte Umsetzung durch Positionierung auslöst.

»Ja, also ich würde gerne Frauen fördern wollen, eben Fachbereiche, daß die Frauen an ihren Dingen, die sie interessieren, weitermachen (...), irgendwelche Wege suchen, (...), sich überlegen, wie kann ich anders arbeiten und trotzdem politisch sein. Das kann ich mir vorstellen. Weil die meisten Frauen immer nach der Diplomarbeit verschwinden und ich find', wie wir da sitzen, sind wir auch so ein Grenzfall, kurz vor dem Verschwinden.«

»Frauen setzen sich hin und sprechen; die sagen, ich bin angefressen, warum bin ich angefressen und diskutieren das dann durch, bis es nicht mehr weiter geht.«

Die Honorierung der Differenz untereinander bedarf des gegenseitigen Blickes, wobei das Verhältnis von Verausgabung und Anerkennung (von innen wie außen) – also die Frage danach, was sich ausgeht und was vorenthalten wird – auf den Bereich der ReProduktion verweist und unter dem Aspekt der Abrechnung die Erschütterungen, Brüche und Umschlagpunkte zu inspizieren wären.

»Warum schaffen wir es nicht, mit den Wünschen und Möglichkeiten, die wir haben, uns eigene Orte aufzubauen, die uns auch reproduzieren können?«

»Wenn ich vernünftig denke, mit Erfahrungen und so, dann denke ich mir, die Loyalität ist da. Im Emotionalen denke ich mir manchmal: ist sie da? Das trenne ich für mich. (...) Natürlich möchte man viel mehr im Mittelpunkt stehen und viel mehr Anerkennung haben. Aber wenn ich es mir vernünftig durch den Kopf gehen lasse, dann ist sie da. Also in dieser Gruppe für micht. Da habe ich nicht das Gefühl, daß da ein Klima ist, wenn eine jetzt nicht mehr zurechtkommt, daß man sagt, na ja, dann schleich dich, es interessiert uns nicht mehr, wie es dir jetzt geht.«

Nicht nur die Organisation von »Wer kauft Kaffee?« ist hier anzumerken (also die Verantwortlichkeit für Aussendungen, Ort, Informationsweitergabe etc.) – problematisch geriet vor allem der Bereich im »Jenseits«. Gemeint ist damit der kritische Punkt der Reproduktion[4], der zum einen den erschöpfenden Prozeß von Verlangsamung und Erhitzung durch wiederholte Diskussionen mit der Projektfreundin vorher/nachher und sowieso wie auch, quasi »ausgelagert«, die prekäre Frage »an wen kann ich mich wenden, wenn die Binnenkonflikte abgeladen werden möchten?« (Sprich: wen geht das etwas an? Kann Projekterfahrung vorausgesetzt werden?) In Frauen/Lesbenzusammenhängen problematisch wirken Dichte und unterschiedliche Verwicklungsgrade, bei Heterobeziehungen das Tabu des »Hinaustragens« bzw. die Entfremdung. Zudem wird das jeweilige Maß an »Einsatz« (zwischen Engagement und Verletzlichkeit) bestimmt durch das Verhältnis der konfligierenden Basen von Flexibilität und Offenheit gegenüber Verläßlichkeit und Verbindlichkeit.

»Wo ist das Maß nicht nur von Kriegen, sondern auch von Wollen, also wieviel Erwartungen oder Wünsche erwartet man sich gegenseitig?«

Und:

»Zwischen repressiver Toleranz und dem Eingehen/Umgehen an/in/auf (biographisch-empirische, erkenntnistheoretisch-intellektuelle, psycho-physische) Differenzen spannt sich das poröse Gewebe.«

Die Dynamik schwieriger Binnenverhältnisse bei dennoch gelingender Produktivität »lohnt« sich vor allem hinsichtlich der

3. ANIMATION.

Neben der Veröffentlichung individueller wie politisch-feministischer Arbeiten und Organisationsweisen ging es um den Versuch zur Vernetzung, zur »Animation« von Frauen (»die Animation zur Schnittstelle, da wenige dort ankommen«) und damit um die Weitergabe von Wissen und Erfahrung, das Entwickeln von feministischen »Traditionen« und von Strukturen im Zwischenraum. Inwieweit der Versuch, auch den Konstituierungs- und Herstellungsprozeß zu repräsentieren und »andere« Vermittlungsebenen zu erproben innerhalb der universitären Struktur gelingen konnte, wird an den unterschiedlichen Texten deutlich bzw. bestimmt durch den jeweiligen Standort, den Frau einnimmt angesichts der Frage nach der politischen Trag-/Reichweite einer potentiellen MitGestaltung der patriarchalen Institution Uni. Die Diskrepanz von »Ausgangspunkt und Erscheinungsbild« eröffnet nunmehr das Minenfeld der

4. REPRÄSENTATION.

Intendiert war ja, den Prozeß stattfindender wissenschaftlicher Auseinandersetzung auch als solchen zu repräsentieren.

»Wir sprechen über feministische Prospekte. Wir sprechen über mehr als eine Spezialität. Die Spezialitäten werden gemeinsam angeboten. Wir lieben die Fülle von köstlichen Kleinigkeiten.«

Die Dominanz individuellen wissenschaftlichen Arbeitens zugunsten einer Polyphonie weiblicher Stimmen, aufzuheben, »die in ihrem eigenen Namen spricht«, birgt – auch im Wissen um die Regeln des Ein- und Ausschlusses – dennoch folgende Fallen:

* Wie läßt sich der Hintergrund der Arbeitsweisen repräsentieren? (monologische Struktur der Vorträge versus gemeinsam verfasste Textbeiträge)

* Wie können Bezüge sich organisatorisch vernetzen? Oder: Welche Dynamik ist von dem kontaminierten Ort Universität zu erwarten? Und: Ist's ein Zufall, daß Weiterarbeiten als Projektegruppe in der *F*RAUEN*h*etz und dem Frauenzentrum stattfanden?

* Das »Orchester weiblicher Stimmen« bedroht die autoritäre Struktur der Wissensvermittlung, daher wurden die Prospekte lediglich im »Off« des kommentierten Vorlesungsverzeichnisses repräsentiert.

* Der Ort »Universität« bzw. die Selbstermächtigung, an diesem Ort zu sprechen, zieht die Frage der Profilierung, des »sich-ausweisen-Könnens« nach sich und führt zur Affirmation konventioneller wissenschaftlicher Kriterien.

* Die Herstellung von Querverbindungen untereinander (wie Zitierkartelle, Vorabdiskussionen, gemeinsame Lektüre und Zusammenarbeit auch in Projekten) bleibt unsichtbar, bzw findet an »anderen« Orten statt.

* Zwar findet die Dekonstruktion bzw. Kritik am patriarchalen Apparat von Wissen (Vermittlung, Vergabe, Konstitution) statt, aber das Ausdenken von Utopien, das Animieren zu politischen Aktionen und Organisationsstrukturen scheint im Hörsaal zu gewagt.

Damit scheint es unmöglich, auch angesichts des divergenten Publikums, »die Angst vor der eigenen Politik zu überwinden«.

Warum sich manche doch zu solchen Auf- und Zuwendungen zugunsten frauenbewegten Handelns motivieren (etymologisch: begründen, zu etwas bewegen, anregen, Antrieb geben) lassen, soll ein Zitat Donna Haraways verdeutlichen:

» Ich gehe davon aus, daß wir Dinge verändern können. Die Rationalität schlechthin gibt es nicht. Wissenschaftliches Wissen hat den Status von hergestelltem Wissen, es ist eine in vielerlei Hinsicht begrenzte Errungenschaft. (...) Das heißt nicht, daß es leicht ist, in Wissenschaft einzugreifen, sie aus der Sphäre der großen philosophischen Fragen herauszulösen und sie in einen Bereich zu versetzen, in dem man für seine Handlungen verantwortlich ist. Wenn soziale Bewegungen das nicht hinkriegen, wird sich nichts bewegen. (...) ...wenn uns die vielen Praktiken bewußt sind, die wissenschaftliches Wissen produzieren, dann brauchen wir auch ein weniger monolithisches Politikmodell, um strategisch darüber nachdenken zu können, wie wir etwas bewirken können und darüber, wer wir sind – in unseren unterschiedlichen Positionen (locations). (...) Wie situieren wir uns in heterogenen Praktiken innerhalb und außerhalb der verschiedenen Institutionen und wie können wir untereinander Verbindungen herstellen? Wie können wir uns über diese verschiedenen Verortungen hinweg verständigen und uns selbst zugleich als innerhalb bestimmter Verortungen konstituiert begreifen? (...) Ich gebrauche absichtlich Begriffe wie Handlungsfähigkeit und Verantwortlichkeit. (...) Man ist immer gezwungen, konstitutiv und produktiv zu sein. (...) Verantwortlichkeit hat für mich dann etwas damit zu tun, wie wir unter uns Verbindungen aufbauen, wie wir uns selbst zusammenfügen und wie wir zusammengefügt sind. Auf diese Errungenschaften von Verantwortlichkeit, entgegen einer Vorstellung moralisch handelnder Subjekte mit verschiedenen Verpflichtungen kommt es mir an. (...) Mit endlosem Freispiel und der Lust an der Überschreitung will ich nichts zu tun haben. Verspieltheit, Beweglichkeit, mehr zu sein, als wir zu sein glauben, diskursive Konstitution, die Unerwartetheit von Sprache und Körper, das sind die Dinge, an denen mir liegt......«[5]

[1] falls nicht anders angegeben, entstammen die Zitate aus Tonbandprotokollen eines Arbeitswochenendes zum Thema »Feminismus an der Universität. Zum Ringvorlesungsprojekt »Feministische Prospekte« mit Juliane Alton, Renata Fuchs, Birge Krondorfer, Eveline Pammer, Katharina Pewny, Marcella Stecher und Ulrike Weiss

[2] Terry Brown 'The Butch Female Fatale'; in: Laura Doan (ed.): The Lesbian Postmodern; Columbia University Press 1994

[3] vgl. hierzu die Artikelteile von Eveline Pammer und Katharina Pewny

[4] vgl. hierzu Birge Krondorfer: 'Harte Mädchen weinen nicht'

[5] 'Wir sind immer mittendrin'; Gespräch mit Donna Haraway; in: a.n.y.p. Nr. 6/1994, S. 34/35

Katharina Pewny

ZWISCHEN DISZIPLINIERUNG UND AUFKLÄRUNG: VON ERFAHRUNGEN, ANSPRÜCHEN UND KOMPETENZEN

1. Anspruch versus Erfahrung / Kompetenz: »(Zwischen)Äußerung und Entäußerung«[1]

»Konkret wollen wir also diesen besetzten Raum aufreißen, uns zunutze machen – ihn, oder sie, die Alma Mater, auch als Ort des Entwerfens begreifen. Wir projizieren/prospektieren uns hin an diesen Ort, ... um die Gestaltung desselben in unsere Hände und Köpfe zu nehmen.« Der Anspruch des Vortrags-Projektes »feministische Prospekte« war – an der Schnittstelle von Universität und feministischem Projekt – beide Ordnungen ineinander zu »leben« und diesen (politischen) Prozeß reflektierterweise in den Vorträgen und Diskussionen zu vermitteln. Es ginge also um die Gleichzeitigkeit des Erfahrens und der Vermittlung des Erfahrungswissens:

Das »Erfahren« bezieht sich auf die Verschriftlichung größerer Arbeiten (hauptsächlich Diplomarbeiten) mit kritischem Erkenntnisinteresse sowie auf die eigene Organisation als feministische Projektgruppe. Weiters ging es darum, die Ebene der Zeit miteinzubeziehen und mit Veränderungen (der Ansprüche, der Frauen, z. B. Differenz Winter- und Sommersemester) umzugehen.

2. Anerkennungsweisen, Präsenzen und Kompetenzen: »Frauen, die gehen – Frauen, die bleiben«

Verläßlich war ein Paradoxon, das sich durch das Projekt zieht: Die Kompetenzen, was Organisation und Emotion im Gruppenprozeß angeht, stellen sich nach innen dar als Konfliktfreudigkeit und Präsenz – salopp gesagt »Durchhaltevermögen« – der Projektefrauen; Von außen stellten sie sich dar als erfreulich kontinuierliche Präsenz der Zuhörerinnen: »Anerkennung ist schon einmal, daß sie überhaupt gekommen sind, einmal, zweimal und ein ganzes Semester hindurch.«

D. h. worauf jede Vortragende sich einlassen konnte, waren zwei Foren zur Repräsentation ihrer Entwürfe. Unterschiedlich setzten (in Bezug auf die Vorträge) Bedenken ein, den Standards nicht zu genügen: »Ich hatte Angst vor der Öffentlichkeit« war eine Position, in Gegensatz zu: »Ich hatte Angst vor einem Abschuß von innen«. Anläßlich dieser Verunsicherungen geschah einmal die direkte (Vorträge), ein weiteres Mal die indirekte (Publikation der Texte) Unterwerfung unter die Standards, wie sie von Kommissionen, Gesetzen, TitelträgerInnen befördert werden. Was die sogenannten inhaltlichen Kompetenzen betrifft, so waren sie uns als »unbetitelte Studentinnen« im Symbolischen (Universität) zwar nicht zugesprochen sowie im Imaginären präfiguriert (die Ängste einerseits und der Schwung andererseits). Im Realen wurden sie durch die Konzeption des Projektes als Vortragsreihe und durch gruppen-interne Besprechungen ansatzweise aufgedröselt.

3. Anpassung/Normalisierung versus Selbstbewußtsein/Befreiung: »Einmal tour/retour, von Puppen und Machinationen zu fem-intern und zurück«

»Ich war lange nicht da, sehe mich jetzt in der Lage, daß ich mich an Eure Wünsche und Vorstellungen anpassen muß.« Die Normen und Standards innerhalb der Projektgruppe, schwierig zu lokalisieren und zum Teil erst im Nachhinein besprechbar, verschoben sich als (emotionale, inhaltliche, politische) Differenzen auf Fragen der Organisation und (Klein-)Gruppenbildung. Sie liefen quasi im Augenwinkel nebenher mit und verschwanden teilweise mit denen, die aussteigen, in nebelhafte Absenz.

Welche Frauen als Verbindende den Zusammenhalt der ganzen Gruppe(n) ausmachten, war einer der Konfliktpunkte, also nicht generalisierbar. Innerhalb der Texte waren es teilweise die »toten Theoretiker«, die – z. B. via Zitate – als Verbindungsterme fungierten, oder Querverweise untereinander. Die anderen weiblichen wissenschaftlichen Bezugspunkte waren »herauszuhören« und scheinen eher nach dem System der »oral history« als bekannte Theoretikerinnen verbindungsstiftend zu funktionieren.

Als Selbstbewußtsein/Befreiung stand die »Motivation zum Feministisch-Politischen« den universitären Strukturen gegenüber: »Daß Frauen, die Angst haben vor der eigenen Politik, daß die eine Schranke überwinden. Daß die das wettmachen.«

Das »Überwinden der Schranke« beinhaltet diverse Momente:

weibliche Kollektivität: »Wir sind mehr als Eine«

keine übergeordnete Instanz zu haben: keine Kommission war (bei der Einreichung um einen Lehrauftrag) »zuständig«

inhaltliche Bezugnahme über die Grenzen der unterschiedlichen Disziplinen hinweg

4. Anerkennung/Selbstbewußtsein: »Im Anfang: Du sollst nicht begehren versus eine Leidenschaft«

Die Anpassung an interne Standards könnte von der Notwendigkeit gegenseitiger Anerkennung motiviert sein, die sich ergibt, sobald Frauen versuchen, »unabhängig von bestehenden Institutionen eigene Orte aufzubauen, die uns auch reproduzieren können«.

Anerkennung wurde entlang der Modelle Schwesternschaft und Freundinnenschaft angesprochen:

Freundinnenschaften:
die Bindungen: »Eine Freundin suchst du dir aus.«
die politische Motivation und Interessen miteinander: »Der gegenseitige Blick bringt Farbe in die feministische Schwarzarbeit.«

die Konfliktaustragung: »Du kämpfst um eine Freundin, aber *für* eine Schwester.«

Schwesternschaften:
die gemeinsame Herkunft (von realen Personen bis zu Institutionen): »Ihr seid Schwestern, weil ihr eine gemeinsame Mutter habt.«
»persönliche« Motivation und Gebundenheit aneinander: »Eine Schwester suchst du dir nicht bewußt aus.«
Keine Modelle der Konfliktaustragung, sondern Nähe, die sich scheinbar von selbst versteht.

Um – diesseits der Kollektivität – Arbeitszusammenhänge der Einzelnen anzusprechen – ein Dialogausschnitt hierzu:

»Warst du im gemischten Projekt jemals so un/glücklich?«

»Das gemischte Projekt kann meine Lebensweise nicht hinterfragen. Das kann mir bestenfalls bei meiner Diplomarbeitslebensweise etwas sagen. Aber das hängt mit der Universität zusammen und damit, in bestimmten Zusammenhängen unzufrieden zu sein. ... aber was über Weiblichkeit rausfinden, das ist für mich nur im feministischen Zusammenhang möglich.«

Die Unzufriedenheit motiviert also, die geschützten Strukturen (der Universität) nicht nur allgemein zu hinterfragen, sondern besonders zu ersetzen. In Kenntnis des Konfliktpotentials, das sich hieraus ergeben kann, wäre nicht nur polemisch zu fragen: »Vielleicht ist es die Funktion von Institutionen, die Frauen voreinander zu schützen?«

Abschließend könnte jedenfalls die Einsicht stehen, daß auf der Universität eine scheinbar rationale Normierung exerziert wird, während sich fem-intern die Möglichkeit bietet, die Emotionen miteinzubeziehen, um Selbstbewußtheit (im Gegensatz zu Normierung) zu privilegieren. Ohne Frauen restlos auf Emotionalität zu reduzieren, sondern gerade aufgrund dieser historisch getätigten Reduktion, realisierte sich der Anspruch »etwas über Weiblichkeit herauszufinden« nicht ausschließend auf den Ebenen

der Strukturen/Organisation: Uni-Politik versus Projektgruppe

des Inhaltes/Diskurses: feministische Theorien und Frauenforschung
des Begehrens: Paarbildungen, Schwesternstreit und Gruppe,
sondern in dem Versuch, selbst-bewußt auf all diesen Ebenen politisch zu agieren.

[1] Als Zitate ausgewiesene Untertitel beziehen sich auf Titel einzelner Vorträge. Zitate im laufenden Text sind Protokollen einer nachträglichen Projektreflexion von Juliane Alton, Renata Fuchs, Birge Krondorfer, Eveline Pammer, Katharina Pewny, Marcella Stecher und Uli Weiss entnommen.

Birge Krondorfer

»HARTE MÄDCHEN WEINEN NICHT«. Gruppentheoretische und selbstkritische Anmerkungen[1]

»Denn wenn die Frau kein Verlangen nach dem hätte, was er hat, dann könnte es sehr schnell so erscheinen, als sei die phallische Konzentration von irgendeiner Exzentrität bestimmt. Das Problem ist vielmehr, daß es für sie schwierig ist, nicht lediglich Regelungen der Gleichstellung in einem Recht zu fordern, das bisher allein den Männern oder jedenfalls der 'Männlichkeit' vorbehalten war und dessen Anwendung durch die phallische Hegemonie vorgeschrieben und gekennzeichnet ist. Und ohne Kenntnis dessen, was ihr zusteht, ohne Bewußtsein ihrer Verdienste, ihres Werks, der möglichen Besonderheit ihrer Rolle in der Ökonomie des Austauschs kann die Frau nur gleiche Rechte wie die Männer – oder 'Äquivalente' – reklamieren und 'verlangen'. Es ist ein historisch fraglos unvermeidbarer Augenblick, daß sie sich als Unterworfene, als Opfer, als vom Schicksal, vom Narzißmus des Penis Unterdrückte darstellt und darstellen wird, mit dem einzigen Ziel, sich solche Privilegien anzueignen: eine sexuelle Revolte, Revolution, die die Dinge einfach umkehrt und die eine ewige Wiederkehr des Gleichen heraufbeschwört.« (Luce Irigaray)

Das eben wollte und sollte es nicht sein – und so es punktuell geschah, 'passierte' es die Selbstkritik. Doch gibt es strukturelle Bedingungen und Bedingtheiten, die auch das beste Anliegen mit dem Nichteingelösten/Einlösbaren konfrontieren. Letzteres wiegt in weiblichen Seelen (und 'Sälen') immer besonders schwer, so als gäbe es ein 'richtiges' Ende, ein perfektes 'Produkt'. Diese melancholische Geneigtheit führt/e zu einem Übereifer an Selbsthinterfragung, statt stolze Schau des Erreichten, statt – wie sonst männlich-allgemein Usus ist – eine selbstbewußte Anerkennung des Geleisteten (unter bestmöglicher Unterschlagung der Differenz zwischen Wunsch und Effekt) zu behaupten. Die Präsentation dessen, was funktioniert hat, das Besondere und das Gelungene fallen meist unter den Tisch (– und spielt damit implizit denjenigen in die Hände, die es ja schon immer besser wissen: 'diese Emanzen bringen ja eh nix zustande ', 'die feministische Frauenbewegung ist tot'). Jede Selbstkritik neigt zur Selbstnegation; die Mängel laufen dem Geleisteten den Rang ab.

Um diese schlechte Dialektik nicht noch einmal zu wiederholen, vorab eine positive Bestandsaufnahme einer Arbeit, die die Institution Universität nicht leisten kann/will: aus welcher Lehrveranstaltung heraus gab es das Interesse weiterhin gemeinsam inhaltlich zu arbeiten und dann soweit zu gehen, ein Projekt – in Abgrenzung zu den institutionalisierten Frauenzusammenhängen – auf die Beine zu stellen? Was auch bedeutet hat, eine qualifizierte, interdisziplinäre 'Lehrveranstaltung' (Ringvorlesung) anzubieten, bei minimalster Entgeldung – Honorarnoten fürs Hackeln werden von der Bürokratie kaum subventioniert. Selbstverständlich hingegen ist es Dienstleistungen, die man von außen beansprucht, wie z. B das Layoutieren der Plakate und Folder, wie geringfügig auch immer, zu bezahlen; so wie es selbstverständlich ist, daß die eigene kontinuierliche Arbeit fast gratis zu tun ist. Dies bedeutet auch die Aufgabe, daß die Gruppe sich auf allen Ebenen selbst 'nähren' muß, was die Frag-losigkeit interner Tauschverhältnisse oft so prekär macht und schon kleine Mängelerscheinungen sich zur subjektiv großen Enttäuschung gerieren. Was zum weiteren auch bedeutet hat, daß sich jede einzelne ein, wenn auch unterschiedlich hohes Maß an Verantwortung und Verbindlichkeit gegeben haben muß, ohne die es weder zu einer Gruppe, noch zu einem qualifizierten Niveau, noch zu einer inhaltlichen und organisatorischen Tragfähigkeit und Sicherheit gekommen wäre. Letzteres bedingt auch die Problematik des solidarischen Mittragens von Inhalten, die nicht jeder gelegen sind. Und last not least liegt in jedem Versuch einer nichthierarchischen Organisationsform das Dilemma des Ensembles versammelter unaussprechlicher subjektiver Ressentiments im Binnenort ebenso wie der Ensembles gesammelter objektiver Ressentiments im Außenraum.

Also: Allzeit bereite Konflikte allerseiten.

Feministisch-selbstorganisiertes Handeln als politischer Selbstverständigungsprozess ist in der Institution Universität nicht eben das Erwünschte. Das ist die eine Seite. Die andere Seite ist: Selbstbestimmte weibliche Kollektivität tut sich mit sich selbst schwer; denn sie hat keine Tradition, sondern nur Geschichte/n, die immer wieder erst erfunden werden müssen und die es als 'an sich' oftmals scheiternde Dynamik jeweils 'für sich' (individuell und kollektiv) zu entdecken gilt. Die dritte Seite – hier nicht als aufhebende Versöhnung zu verstehen – ist die Tatsache, daß ein verordnet geschichtsverlorener Versuch des 'bißchen einer Utopie' lebbarer Frauenzusammenhänge einer geschichtsmächtigen/trächtigen Institution gegenübersteht, die allem frönt, bloß nicht weiblichen Subjektivitäten. Diesem Problem sind alle autonomen Frauenprojekte verhaftet, was nicht zuletzt auch die Binnenkonflikte bedingt/bestimmt, denn die Grenzen zwischen Anpassung und Ausgrenzung – als feministisch-politische Ein- und Aussicht – sind weder individuell noch gemeinsam eindeutig zu benennen. Zwischen repressiver Toleranz und dem Eingehen auf und Umgehen mit (biographischen, intellektuellen, psycho-physischen) Differenzen spannt sich das poröse Gewebe.

Doch kann ein zuviel von Erinnerung an 'negative' Erfahrungen, Motivationen zu wiederholten Anläufen sich und andere in (die Frauen) Bewegung zu setzen, verstimmen. Das bedingt währende unglaubliche Mühen, doch die flüchtet, die holt die Gefahr wieder ein. Wer nicht gehorchen, also sich nicht unhinterfragt den institutionellen 'Angeboten' unterwerfen will, muß eben dieses, den Ungehorsam fühlen. Auch im Kopf. Die Schöpfung eines Idioms liegt da auf der Zunge: das MDDDsyndrom (= MindestDauerndDoppeltDenken). Jedesmal: was will ich? was will die Gruppe? was will feministische Politik? Dies Bedrängnis der Illegitimität von/nach Außen (Institution) und der Legitimierung nach/von Innen (Gruppe, Bewegung, Szene) macht die Problematik von Anspruch und Überbeanspruchung zu Fragen von Verantwortung und Moral, die nicht gesichert sind, weder durch Kodifizierungen, noch durch sanktionierbare Regeln, noch durch eine instituiert-garantierte 'Aufgehobenheit'.

Derart findet ein permanenter double-bind zwischen Kompromissen nach Innen und Konsens nach Außen statt – ohne institutionelle Verankerungen und Anerkennungen, ganz zu schweigen von pekuniären Vergütungen. Wir klinken uns – gewollt oder nicht – aus den üblichen Tauschverhältnissen aus. Von der Idee bis zum Abschluß alleine des Wintersemestersprojekts hat jede der Beteiligten im Durchschnitt 360 Stunden gearbeitet: Modellerstellung, Konzeption, Versendung von Einladungen an potentiell Teilnehmende, Raumansuchen, Vergrößerung der aktiven Gruppe, Subventionsansuchen und –rennereien, Problematik der Lehrveranstaltungsmodalitäten, Plakat- und Folderentwurf und- realisierung, Öffentlichkeitsarbeit (Presse, Plakatieren und Verteilen), Erarbeitung des ersten Abends, wöchentliche Vordiskussionen zu den einzelnen Beiträgen, Vorbereitung und Durchführung des Abschlußreflexionsabends und des Festes im Frauenzentrum (inclusive Mitternachtseinlage und Buffet) – um nur den äußerlichen Rahmen zu zählen; nicht abzusehen ist von Organisations-, Entscheidungs-, Konfliktsitzungen und Treffen und Telefonaten und Treffen ... und ... . Das bedeutet umgerechnet 9 Wochen (à 40 Stunden) für fast öS 0.00. (Soviel nur zu den üblichen Argumenten, 'diese' Frauen würden einen Diebstahl an Steuergeldern betreiben, wenn einige von ihnen es vorzogen vor ungemischtem Publikum ihren Vortrag zu präsentieren.) Die Notwendigkeit diese 'feministische Schwarzarbeit' symbolisch selbst honorieren zu wollen/müssen, leidet zusätzlich unter einem doppelten Anerkennungsdilemmadruck. Einerseits unter dem glatten Urteil von Außen: 'In feministischen Gruppen wird nur über Männer hergezogen'. (Soviel zum männlichen Narzißmus, oft genug gekrönt durch frauliche Unterstützung.) Und andererseits unter der Gefahr der Selbstzerfleischung in der Binnensphäre.

Wobei noch ganz nebenbei mangelnde Funktionen der Universität erfüllt wurden, was sich zum Teil auch als selbstüberfordernder Anspruch herauskristallisierte.

Wer, insbesondere welche Studentin, lernt das öffentliche Wort zu sprechen? Welche hat die Möglichkeit in einem weiblich-intellektuellen Forum ihr Initiationswerk zu präsentieren, sich auszutauschen?

Welche hat den Raum für die Auseinandersetzungen zum Inhalt der Form und zur Form des Inhalts?

Welche kann auf Kritik hoffen, die nicht vorschriftsmäßig besetzt ist?

Der erfreuliche Grad studentischer Anerkennung der Veranstaltung auch im Sinne der regelmäßig hohen HörerInnenzahl, verweist auf das Fehlen (subkultureller) weiblicher Denkräume und – zeiten ebenso wie auf fehlende 'organisierte' (d. h. qualifizierende) politische Theorie/Bildung.

Also zur 'Aufgabe', wenn auch nicht für alle gleichermaßen, stellte sich (hier am Paradigma Philosophie dargestellt) nicht nur: 'was sagte Platon zu …' (- das wäre der traditionelle Zugang); nicht nur: 'was sagte Platon über die Frauen' (– das wäre der frauenforschende Zugang); sondern auch: mit und gegen Platon für die und in der weibliche/n Theoriebildung eine feministisch-intellektuelle Dis/Positionierung zu finden, die sich nicht bloß auf dem verbotenen Terrain weiblicher Intellektualität befindet, sondern auch einen tätigen Ausdruck in Form politischer, selbstorganisierter, feministischer Kollektivität sucht. Das war und ist das Ziel, dessen Weg allenthalben auch seine melancholischen Scheiterhaufen produziert.

D'Ef/fekt/ivität !

Zu diesem Behufe (und nicht nur zur Behelfsmäßigkeit) gehört ebenso die Reflexion von Gruppengenealogien. Dies includiert, daß die hier beschriebene Problemskizze der Leserin ein Lernen im work-in-progress nicht nur näher bringen kann, sondern ebenso Schwierigkeiten anspricht, auf die jede in solchen Kontexten involvierte Person ein Augenmerk haben sollte, um nicht die Fallen, in die zu tappen scheints unvermeidlich ist, für die Verfehlung schlechthin zu halten und sich dadurch entmutigen zu lassen. Denn: weibliche Kollektivität ist feministisch-politische Sisyphusarbeit.

In diesem Zusammenhang ist die verkannte Relevanz gruppendynamischer Theorie und Beratung anzumerken, die hier nur kurz und sinnenfällig durch ein paar 'notwendige' Konfliktfelder skizziert wird. Spezifische Konnotationen – unter Ausschluß der Verletzung von Intimsphären – werden angedeutet, insofern sie nicht in dem bisher Gesagten bereits als Werdegang nachgezeichnet sind.

Ganz allgemein ereignen sich (unbeabsichtigt) in Gruppen folgende Prozesse (zwischen Grund und Abgrund) als Gesetzmäßigkeiten des menschlichen Zusammenlebens immer wieder:

Verlaufsphasen: Orientierung/ Macht/ Vertrauen/ Differenzierung/ Trennung.

Grundwidersprüche: Autorität/Individuum-Gemeinschaft/Generativität/Geschlecht/ Geburt-Tod.

Kommunikation: prinzipiell direkte Kommunikation, im Gegensatz zur indirekten in Institutionen und öffentlichen Organisationen.

Kommunikationsebenen: gleichzeitig und verschränkt sind Inhalt-Sache/Person-Emotion/Struktur-Funktion.

Kommunikationsabhängigkeiten: Dependenz/Counterdependenz/ Interdependenz (nicht: Independenz); jeweils individuell und kollektiv sich in Bezug auf Autoritäten und Systeme (Einzelne, Funktionsträger, gesellschaftliche und geschichtliche Institutionen und Organisationen, Theorien) abwickelnd, wobei die Zwischenabhängigkeit so gut wie selten erreicht wird.

Grundprobleme: Tabuisierungen, Phantasmen, Konfliktvermeidungen, Abwesenheiten und Verbindlichkeit, Paar- und sonstige Beziehungen, formelle versus informelle Zusammenkünfte, private versus öffentliche Bündnisse.

Konfliktlösungsmöglichkeiten: Flucht, Angriff-Vernichtung, Unterwerfung-Unterordnung, Delegation, Kompromiß, Konsens.

Und nun ein paar diese Krisenherde reflektierende Zitate, ungeordnete Stichworte aus der letzten internen feed-back-Sitzung zum Wintersemester, die die Fähigkeiten und die Überforderungen in ihrer verwobenen Ambivalenz verdeutlichen: »Selbsthinterfragung versus Produktivität; Kompromisse eingehen müssen; schlecht, daß es keine Protokolle unserer Sitzungen gibt; Frühstücke (d.i. Vorabpräsentation und -diskussion der einzelnen Vorträge) positiv im Sinne von aufeinander eingehen können; sonst wenig Resonanz untereinander, d.i. wer hat wie(viel) Platz; wie fleißig ist eine, auf wen kann man sich verlassen; Liebe zur Gruppe weil Langmut; Enttäuschung, daß andere nicht wollen, was wir wollen; Erwartungen an Feminismusdiskussion auch unter uns nicht eingelöst; gibt es Formen von Kritik, die nicht verletzend sind (– Beleidigungen und Rechtfertigungen); 'Geist stößt sich an der Realität die dionysischen Hörner ab'; Näheverluste und Distanzwünsche; Selbstausschluß und an der Seite mitlaufen; Gruppe nicht aushaltbar, aber über Feminismus viel gelernt; jedes zweite Mal heulend nach Hause gekommen und vom Freund getröstet worden, d.i. paradox; Kontinuum positiv aber Konsenszwang versus ich will nicht; zwei haben 'Führerinnen'status von der 'einzigen Lehrbeauftragten' gepuscht; selbiger wurde nie besprochen – war auch unklar inwieweit Gruppenmitglied oder Extraposition; Angst von draußen ging nach drinnen – weiß jetzt was es heißt feministisch zu arbeiten; gelernt: feministisches Projekt geht nicht nebenbei; keine einheitliche politische Position nötig versus Angst vor Liebesverlust; gut: ein bißchen Utopie gelebt; Bruch: Gruppenarbeit versus Einzelvorträge; Produktionsbedingungen für Vorträge waren isoliert, vereinsamt; wir haben ja alle nicht aufeinander geantwortet; Erwartungen bezogen auf das Publikum – Unifrauen und Außenfrauen (Szenefrauen) – unklar und unerfüllt; kleinweise Marktstrukturen übernommen, aber mit schlechtem Gewissen; für welche Symbole/Wahrheiten stehen 'materielle' Schwierigkeiten; Projekt einziger Anreiz noch was mit Uni zu tun zu haben; Liebesansprüche in Gruppe unrealistisch; Frauenprojekte versus Privatfreundinnen; Gruppenstruktur und Beziehungen tabu; Investition und Verletzung; Erschöpfung versus Begeisterung; das Persönliche wird mit dem Politischen verwechselt; alles wird zu eng, wo ist Luft; welche liebt welche und warum nicht; wer hat was/wie/sich hier durchgesetzt; welche Loyalitäten verhindern vernünftige Entscheidungen mit welchem Verlust; was wird gegeben, was genommen, was bekommen; welche Regeln haben sich unbesprochen und unbesprechbar fortgesetzt; feministische

Kompetenz versus Theoriekompetenz versus frauenliebende Kompetenz versus Alltagskompetenz und Hausverstand; typisch weibliche Selbstfixierung auf Negativfolie versus gemeinsame Zukunft als Möglichkeit ... «.

Wenn man sich das so anliest, ist das Zustandekommen eigentlich ein 'wunderliches' Werk eines Prozesses, das vom Status des Ideals in der Phantasie doch zu einer kleinen Geschichte geworden ist.

Denn Gruppen sind die menschliche Primärform von gemeinschaftlicher Organisation; sie sind mehr als die Summe ihrer Teile; sie sind der Mehrwert der Summe der Beziehungen; sie erkennen und wissen immer mehr als der/die Einzelne (– um einmal von dieser Seite her das 'Ideal' von basisdemokratischen Zusammenhängen zu begründen).

Die besondere 'Gefahr' weib-weiblicher Zusammenhänge besteht zumeist darin: sprechend 'was du sagst ist nicht in Ordnung' wird verstanden als 'ich bin nicht in Ordnung'. Was auf die Schwierigkeit der gegenseitigen Anerkennung bei gleichzeitiger Nichtinstituiertheit von Ritualen ebenso verweist, wie auf die Produktion von rational nichtregulierbarer Macht, unbewußten Exklusivitätstendenzen, 'irrationalbewußten' Ausschlüssen. Das Verworfensein auf sich selbst – als Einzelne und als Gruppe – und die Verwerfung funktionabler Anpassungsstrategien macht nicht nur Angst, sondern wirft die Frage nach dem 'Subjekt' der Kompetenzen und den Trägerinnen der Garantie des Zusammenhalts auf: war es die zwiespältige 'Autorität' (der einzigen offiziell Lehrbeauftragten), waren es die mütterlichen Funktionen, waren es die Checkerinnen, waren es die Konfliktfreudigen, waren es die Schweigenden?

Obwohl zu sagen ist, daß wir zumindest versucht haben das Reale des Modells und die Irrealität der Realität zu reflektieren, was auch hieß, die Intention und die Differenz zur Realisierung zu problematisieren: wiederum ein Wunsch, der allezeit die Tabus bereithielt. Anders formuliert: wie läßt sich ein weib-weibliches Kontinuum herstellen? (Wobei z. B. der oben angesprochene Geschlechtswiderspruch sich hier über-legt auf die Frage des Hetera- bzw. Lesbischlebens). Das Oszillieren zwischen ungesicherten Positionen und statthabender Selbstreflexion ist die Topie, die die Verschränkung von Krise und Chance bedeuten kann. Auch in dem Bruchstrich, der weiblich-feministische Intellektualität selbst zeichnet (als ge/bezeichnete): als Vatertöchter (die Aneignerinnen des 'väterlichen' Wissens) gleichsam am Mutterkuchen (Universität als Alma Mater) teil-nehmen u n d dabei diese fremd-bestimmte wie selbst-bewußte Logik überschreiten, durchbrechen. (Stichwort: es gibt auch andere weibliche Verwandte.)

Waren die 'Prospekte' eine Re- oder Aktion?

Diese/r Frage muß sich wohl jedes feministische Projekt stellen, erfindet es sich doch zwangsläufig in der Position der doppelten Negation. FrauenMinus und FeMin(ism)us ergibt das ein Surplus? Doch was wäre denn eine Option mit losen Enden und offenen Anfängen? Wir hatten einmal einen Beginn gesetzt, der so hofften wir, über das Sommersemester hinaus, einen Fortgang fände. So es andere denken und wollen und tun würden.

Es dachten und wollten keine weiter tun.

Womit wir wieder am Anfang, nicht nur dieses Textes, wären.

[1] Überarbeitete Fassung eines Beitrags in: Gertraud Seiser, Eva Knollmayer (Hg.) 'Von den Bemühungen der Frauen in der Wissenschaft Fuß zu fassen.' Materialien zur Förderung von Frauen in der Wissenschaft Bd. 3; Bundesministerium für Wissenschaft und Forschung; Wien 1994

IV. UNIVERSITÄT – KREUZGÄNGE

Juliane Alton

ERKENNTNISUNGEHEUER[1]

Die Institution ruht auf Säulen. Die Säulen verbinden als Gerade verschiedene Punkte. Das Wissen, das die Institution produziert, entspricht diesen Punkten, die messerscharfen kausallogischen Schlüsse entsprechen den geraden Säulen, der Organisation des Wissens.

Wer sind die lebenden Säulen der Institution?

Bestimmtes institutionell produziertes Wissen bekommt medialen Ereignischarakter: Vieles brodelt ungesehen vor sich hin und taucht nur dann und wann in Bewußtseinshöhe der Gesellschaft.[2] Die Punkte, die schließlich die Bewußtseinsschwelle erreichen, können auch jenseits der Institution durch kausallogische Schlüsse verbunden werden. Diese Punkte und Linien beschreiben die Erkenntnis der Wissenschaft in den allgemeingebildeten Köpfen der Menschen.

Welche Erkenntnisereignisse dringen aus den elfenbeinernen Institutionen?

Die Institution gründet sich auf Hierarchie, Homologie (Eingeschlechtlichkeit), Sublimierung, Arbeitsteiligkeit nach altrömischem Muster[3] und Integrationssog gegenüber den »Guten«. Das zerstückelte Wissen ist für den Selbsterhalt der Institution[4] besser zu instrumentalisieren als Prozeßwissen. Institution ist ein anderes Wort für (Hoch)Kultur, wobei ersteres den Aspekt der starren Einrichtung, letzteres den Aspekt der Gepflogenheit, das immergleiche Immerwieder beinhaltet. Institution hält Gegensätze nur zwischen Ungleichen (im Sinn von Über- und Untergeordneten) aus. Hierarchische Dichotomie ist ihr Grundpfeiler. Sie ist vom phallischen Signifikanten durchstrukturiert.

Erkenntnis funktioniert auch ohne Sprache, etwa als Exzeß. Erkenntnis vermittelt sich aber nicht ohne Sprache. Erkenntnistradition hat jedenfalls die Struktur der Sprache.

Wie ist die Sprache strukturiert?

Sprache als kulturelle Übereinkunft ist vom Körper getrennt und ist vom Exzeß getrennt. Sie ist Pakt und Gesetz. Konzentrisches Sprechen[5] ist nicht pakt-, nicht gesetzes- und nicht traditionsfähig. Im Gegensatz hierzu bedeutet Sprache Trennung, Mangel und Unterordnung innerhalb der und unter die symbolische Ordnung. Sie bedeutet auch das Begehren, welches die Körpergrenze und das Streben über diese Grenze hinweg schafft.

Wer ist in der Sprache repräsentiert?

Die wortgewaltigen Töchter fragen nach der Bedeutung des Vaters. Die Mühe der Abkehr von der Tradition der Mutter macht sie zu Verbündeten männlicher Sozialisationstheorien, die Abspaltungs- und Abgrenzungstendenzen über Verbundenheit stellen. Sie gehören vielleicht zu den »Guten«. Diese werden vom Integrationssog erfaßt.

Eine Vorstellung von Interdependenz, in der Autonomie nicht als Gegensatz von Abhängigkeit gedacht ist und Abhängigkeit nicht mit Unterdrückung assoziiert wird, bedeutet möglicherweise Strukturbildung, nicht aber Institutionenbildung.

Wer würde eine solche Struktur repräsentieren, falls sie repräsentiert werden kann?

Den Töchtern fehlt (wie den Müttern) das phallische Zeichen. Sie sind nicht restlos im Phallischen repräsentiert, und sie repräsentieren – wenn überhaupt – nicht ohne Mängel die Institution. Sie werden von ihr nicht ganz erfaßt und erfassen sie nicht ganz. Mangelhafte Repräsentation ist nicht repräsentativ und verstört Institutionen. Da kulturelle Organisation letztlich in Form von Institutionalisierung passiert, sind sie in jeder Institution Störfaktoren.

Ein nicht-institutionalisiertes Verhalten gegenüber der Institution hat Intermezzo-Charakter – für die Institution jedenfalls.

[1] Quellen: 'Suchbilder Trugbilder'; Materialienband 11 der Frankfurter Frauenschule; Cornelia Giebeler 'Institutionalisierung der Empörung'; in: Beiträge zur feministischen Theorie und Praxis 18.

[2] Analog zum Berichthorizont von Medienereignissen zu sehen.

[3] Divide et impera!

[4] Worum sonst könnte es gehen?

[5] Das unmittelbare Sprechen, die Lautbildungen, mit denen eine Mutter ihr Kind umhüllen kann, jener nicht-phallische Zustand, indem es sich doch fast niemand gemütlich machen darf. Nach Michèle Montrelay.

Katharina Pewny

»DER KÖRPER IST DER WAHRE WEG ZUR BILDUNG: ER ZEIGT UNS SEINE GRENZEN«[1]

Zur Zeit: der Körper und die Frauen, der Wa/h/re/nSinn hat Methode

Im Aufgreifen der freudigen Frage nach dem weiblichen Wollen reflektierten die Theoretikerinnen der Zweiten Frauenbewegung diskurspolitische Strategien, vom Abarbeiten an der verschütteten Geschichte der Frauen über die Benennung des weiblichen Erfahrungswissens (aisthesis) bis zum Weiterdenken der Technologien, verweilend zur Zeit an ethnischen, nationalen und identitätslogischen Grenzen und deren Überschreitung.

Anno 1994, österreichische Politikerinnen repräsentieren medial derweil die Frauen aus den Listenplätzen fliegen; Körper und Frauen als Kategorien zu nennen, hat Methode:

Im *Durchqueren der Diskurse*[2] ergibt sich ein Naheverhältnis zu vorgefundenen Kategorien, diese mimetisch verschiebend. Hier fungieren das familiäre Ensemble und Weiblichkeit, von der Re/Produktion aus gedacht, als vorgefundenes Raster des Nachdenkens, sowie die Funktion der Institution Universität als Verbindendes: Nährend und mütterlich, reproduzierend und produktiv.

Nach der wesenhaften Festschreibung der Frauen auf Reproduktion und des Weiblichen als verdecktes Museum männlicher Kulturbildung werden ebendiese Kategorien durch Technologisierung der Körper, polymediale Ver/l/netzungen und Flexibilisierung von Raum und Zeit losgebunden von den Frauen/dem Weiblichen. Der universale Schein der Ontologien, von den Feministinnen als fleischgewordene Abstraktionen decouvriert, klinkt sich ein als Schein der Aufhebung der Grenzen (von Symbolischem, Imaginärem und Realem, wobei die vierte Kategorie des Virtuellen hinzugefügt wird):

Organe sind transplantabel, Identitätspolitik fächert die Differenz der Geschlechter generös zugunsten ethnischer, politischer und genealogischer Unterscheidungen auf.[3] Nachdem also die Gesetze der Dynamik (Mechanik hinter sich lassend, diese Schnittstelle bezeichnen die ersten Schaltcomputer), Virtualität (virtual reality und dreidimensionale Chips) und Transportierbarkeit (Gentechnologie, Organtransplantationen) das Materielle endlich lösen, stellt sich erneut die Frage nach den Weisen des Denkens.

Meine Art, diese Dinge in Worte zu kleiden, *folgt daher einer Bestimmung*, die der Materie von der Technologie und Virtualität, *entsprechend der Struktur der Mimesis, vorgegeben ist.* Sie verharrt – mimetisch – bei den Grenzen von männlich/weiblich, real/virtuell, lebendig/tot; auf der Besprechung der Frauen und der Körper, aber in erneuter Setzung dieser Kategorien, was eine Gegenbewegung zu ihrer diskursiven Verwischung darstellt.

Solch eine Denkbewegung setzt nicht an bei Fragen wie ... was ist die Frau, was will sie, was kann sie sein (wollen) nach der gentechnologischen Auslagerung der Zeugung aus den Körpern der Frauen ...*was den Charakter der Weiblichkeit angeht, ich, Sie, wir ... sprechen wir nicht davon;* Denn an dieser Stelle ist der forschende Charakter dieser Fragen ad acta zu legen zugunsten der Verkörperungen in der Kathedrale der Abstraktionen. Oder anders: Wo und wie Frauen sich bewegen, als Denk-Ausgang zu nehmen, privilegiert handelnde Gegenwärtigkeit und läßt die Heilsversprechen verschütteten weiblichen Wollens einmal weg.

Durchqueren wir also die »hehren Hallen der Herrenwissenschaft« (Marcella Stecher&Sabine Bürscher) mit Blick auf die Strukturierung der Körperlichkeit der Frauen.

I. DER RITUELLEN INSZENIERUNG ...

Die Körper der Im*matri*kulierten – die Alma Mater bewohnen – erfahren eine Neusituierung.

- Zu den Markierungsriten: Eingangs wird gestempelt in der Anonymität indirekter Kommunikation, entlohnt mit kostengünstiger Mobilität im öffentlichen Raum. Das Aroma der »Metempsychose des Passagiers«, im Zeichen der männlichen Selbstverlängerung im Raum (schneller höher weiter) winkt denen, die sich vertrauensvoll in der

Universität niederlassen. Und entspricht, als körperliche Flexibilität, der versprochenen geistigen Selbstverlängerung.

- So wie alle zur Welt kommen im Abwärtsgang, kommen die Hoffnungsfrohen zur Wissenschaft im Aufwärtsgang über die steilen Stufen. Wem sie zu steil sind, d. h. welche die Hintanstellung der materiellen Begehren nicht schafft (oder sich nicht zufriedengibt mit dem Sardinendasein auf den Böden der Hörsäle, ... diese Liste ließe sich endlos verlängern), verwirkt das Recht auf die acht Semester geisteswissenschaftliche Bildung. Das Bild der viel zu Vielen im engen Saal, die gesondert werden sollen wie die Spreu vom Weizen, gemahnt überdies an das Einsetzen von bis zu acht im-Glasl-befruchteten Eizellen, deren meiste eh nicht wachsen und wenn sie's doch tun werden sie abgesaugt (eben weils zu viele sind). – Die Initiation in die Klasse der Titelträgerinnen kulminiert in der Rückbindung der Abstraktion an die Körper: Die Berührung des heiligen Stabes mit dem Schwurfinger ist die Schnittstelle dieser heiligen Hochzeit (hieros gamos). Der Schwur der intellektuellen (politischen) Bindung an die Wissenschaft und die Institution bezeichnet die geglückte Einverleibung des symbolischen mütterlichen Raumes.

Dazwischen liegt die Produktion des eigenen Verschwindens (umgekehrte Geburt als selbstproduzierter Tod): Im geschlossenen Setting als Initianden gemahnt die Abschottung während des Ausbrütens der Arbeiten an die rituelle Klausur der Adoleszenten vor der Initiation in den Stamm (die Gesellschaft). Das Produkt, mißverständlich 'Arbeit' genannt, wobei die eigentliche Arbeit ja als Prozeß der Herstellung statthat, formiert sich als Einsargung der Gedanken in schwarzes Leinen, den Namen der Autorin in goldenen Lettern aufgeprägt. Christina von Braun, eine dissentierend Dissertierende, schließt ihr Opus mit dieser umgekehrten Transsubstantiation:

»Mir vorzuwerfen, daß ich spekuliere, ... heißt meine Existenz bestätigen. Aber es gibt mich ja nicht.«[4]

Die Initiierten dürfen Alma Mater verlassen (ex*matri*kulieren), sie sich auf sie. Als symbolische Anbindung fungieren die Titel, als ökonomische die Berufsfelder, wobei die finanziellen Sicherheiten der Wissenschafterinnen des Geistes so luftig sind wie eben dieser.

II. ... IM PROZEß DER VERSCHIEBUNGEN ...

»Das geht doch am Schreibtisch schon los, diese orale Angst vor der Leere und diese Sucht, sich zu füllen – Gang in die Küche beispielsweise. Oder der Griff zur Zigarette, zum Telefon. Oder Vorwurf an den anderen, warum bist du nie da – aber wehe, er kommt. Fort – da.«[5]

»Fort – da« verweist auf die Ersetzung der mütterlichen Anwesenheit durch Sprache/durch die Regulierung von Anwesenheit und Abwesenheit im Spiel, wie Freud sie am »kleinen Ernst« formulierte. Wobei die Mutter durch die Benennung der Bewegung des Übergangsobjektes (fort-da) ersetzt ist. Eine trinäre Gleichzeitigkeit ist also nötig zur lebbaren Umgebung des leeren Zentrums:

ein Objekt (also ist eine Ersetzung vorgängig)
dessen Bewegung, also Beherrschung der Präsenz/Absenz und
die Artikulierung

Die Macht über das eigene Begehren nach grenzenloser Präsenz, verschoben auf die Produktion von Sinn, Bedeutung, Zeichen (als Diplom- etc. Arbeiten) gerät ins Wanken bei der Anstrengung der Schrift-Produktion: Wenn es einerseits der – institutionsaffirmierende – Umgang mit Sterblichkeit ist, der die Feder des unglücklichen Bewußtseins treibt, so ist es auch die Verkehrung der eigenen Chronologie, die hier passiert: Jede Verschriftlichung reaktiviert tendenziell die Schwierigkeit, Alles in lexikalische, syntaktische, institutionelle Vorgaben zu fügen (imaginierte Ganzheiten aufzudröseln). Das Objekt (der Text, die Arbeit) muß erst produziert werden; Die gedankliche Bewegung muß nach den Gesetzen der Sprache (die als Abgrenzung von Welt, Teilung in Mutter-Imago und Ego bezeichnet) beherrscht werden.

Wenn die Welt wieder der Fall ist, der Eiskasten geleert und die Lunge verteert, die Speicher voll scheinen, tritt die nächste Variante der Verschiebungen auf den Plan.

III. ... KANN GENUG NIE GENÜGEN ...

Das Ungenügen, von der Mutter (-Imago) verschoben auf die Schrift (-Produktion), taucht wieder auf in dem Wunsch nach Anerkennung, und zwar über die institutionell garantierte hinaus.

Dann steht die Intensität der Auseinandersetzungen über das Opus in einem dialektischen Verhältnis zu 'Geiz' oder 'Freigiebigkeit' der Autorin, ihre Schrift zur Disposition zu stellen.[6] Die Schriften finden also Eingang in die Bibliotheken, Archive und Bücherkästen (bestenfalls der Freundinnen), ihre Verfasserinnen halten sich en gros nicht tatsächlich präsent und verschwinden realiter aus den hehren Hallen.

»Die meisten Frauen verschwinden nämlich immer nach ihrer Diplomarbeit ...weil sie mit der Hierarchie nicht zurechtkommen ... weil sie irgendeinen Job suchen.«[7]

IV. ... FÜR INTELLEKT, CASH UND GEDOPPELTE OPFER ...

»Der Umstand, daß Intellektuelle meist mit Intellektuellen zu tun haben, sollte sie nicht dazu verführen, sie für noch gemeiner zu halten als den Rest der Menschheit. Denn sie erfahren sich durchweg in der beschämendsten und unwürdigsten Situation von allen, der von konkurrierenden Bittstellern, und kehren sich damit fast zwanghaft untereinander die abscheulichsten Seiten zu.«[8]

»Die intellektuelle Arbeit ist unterbezahlt, obwohl unsere Gesellschaften von der Ausbeutung der Intellektuellen leben, die, direkt oder indirekt, die sozialen und politischen Organisationsformen entworfen haben ... diese ... Arbeit ... wird ... einem Opfer-Mißverständnis unterworfen. ... Und der Preis wird den Denkern und den Frauen nicht zuerkannt für das, was sie grundlegend zum gesellschaftlichen Funktionieren beitragen: die höchstentwickelte Arbeit des Geistes und der Natur, wobei beide zusammengehören.«[9]

In der Historie der Ausblendung des Weiblichen als produktives Prinzip und der Frauen als politisch-kulturelle Subjekte

trifft sich der Umgang mit Wissen (als Abstraktum) und Schrift

in den weiblichen Intellektuellen als Schnittstelle

unter der Voraussetzung der bestenfalls mittelbaren Honorierung (geistiger) nicht-gegenständlicher Arbeit (Ökonomie).

Intellektuelle Arbeit wird also nicht ausgewiesen in Gesetzesentwürfen, Parteiprogrammen, etc. Das Opfer-Mißverständnis bestünde in der Ausblendung der Entwürfe und Auseinandersetzungen, die keinen Eingang in diese Sphären finden oder so transformiert werden, daß *ihre Herkunft* unkenntlich bleibt, nicht repräsentiert ist.

Feministische Politik und Theoriebildung stellt eine der Widergängerinnen dar, umgewandelt bestenfalls in Familien-, Sozialpolitik, ohne Repräsentation der Initiatorinnen und ihrer Bewegung, wobei die Frage nach Sinn und Form einer solchen Repräsentation eine politische ist.

Insofern die Intellektuellen die Ordnung der Gesellschaft speisen, auch mit der asketischen Reduzierung ihrer Körperlichkeit (die der Schriftproduktion eigenen Rhythmen, Schlaf wird gegen Arbeit getauscht ...), agieren Frauen mit der spezifischen Ausstreichung des Weiblichen. Ein vielbemühtes Beispiel wäre der »dark continent« Mutter/Tochter, der unbesetzbar bleibt für das Banner des Analytikers. Bezugnehmend auf die Produktionsgesetze der Intellektuellen würden Frauen eine Position innehaben, die mimetisch zu den alten Zuschreibungen (mimend und hysterisierend) ihre Körperlichkeit produktiv macht, ohne hinter ein anderes Leben (nämlich das des Kindes) zurücktreten und in Fürsorge aufgehen zu müssen. Was hingegen (gynaikogenetisch) produktiv gemacht werden kann, ist politischerweise Affidamento als gegenseitiges innerinstitutionelles Pushen und theoretischerweise die diskursive Erfindung oder Restrukturierung des Weiblichen. Für die »geistigen Produkte«, Arbeiten, bedeutete dies, das Kapitel der Opfer-Täter-Struktur ad acta zu legen und mit dem erarbeiteten Instrumentarium (der letzten zwanzig Jahre) eine Identitätspolitik zu betreiben, die – inklusive der Historie der Festschreibung auf Reproduktion – die Kategorie der (auch kollektiven) Produktivität anwendet, ohne doppelbelastet notwendig unter dem Banner der Reproduktion zu stehen.

V. ... DENN ENDLICHE TODE ...

Gegenseitige Bezugnahme, die ja so selbstverständlich nicht ist, wäre eine der Kategorien und Ressourcen, von der weibliche intellektuelle Produktivität ausgehen kann.

Erkennbar sind die universitären Gesetzmäßigkeiten und Funktionen. Sie bewegen sich im Umfeld Repräsentation/Opfer; abstrakte Anerkennung/materielle Präsenz; Genealogie und Abfolge/ Generation und Erbe:

Institutionen fungieren als individuelle wie kollektive Entlastung von Sterblichkeit, indem sie Bedeutung und Repräsentation über körperliche Präsenz hinaus verleihen.[10] Hier tut sich also die Grenze von abstrakter Realität und materieller Absenz auf, das geistige Erbe etwa und die steinernen Büsten schreiben die Gesetze der Vermittlung. Wissenschaft als Fixierung und Kategorisierung des Lebendigen würde in die gleiche Kerbe schlagen, zugleich aber die Abstraktionen an das Lebendige zurückbinden.

Die Wissenschafterinnen stünden – in ihrer Haltung zu den vorgefundenen Ahn/innen (die das tote Gesetz vertreten) systemimmanent – vor der Wahl

als schlechtere Söhne das Erbe der Väter anzutreten

als rein reproduzierende Töchter den Nährboden der pädagogischen Bestellung zu bilden

als Ähnliche mit den Müttern um die Affirmation des Vorgefundenen zu konkurrieren.

Was die weibliche Generationenabfolge betrifft, zentriert sich die Bewegung innerhalb der Institution (da eines ihrer Strukturprinzipien die generationale Abfolge ist) um die mütterliche und töchterliche Position.

Ein 'beklagendes' Statement dazu, das doch aus dem Anspruch einer Politik des Weiblichen kommt und insofern zu bedenken ist:

»Vielleicht könnt Ihr Euch nicht vorstellen, welches Problem diese Schwierigkeit – nämlich das Erbe einer Frau anzutreten – auch für die Frauen darstellt, die wissenschaftliche Forschung in Hinblick auf weibliches Gedankengut betreiben. Vielleicht ist es das größte Problem, das wir Wissenschafterinnen haben. ... Die Aneignung, ohne Raub und Ressentiment, des Gedankenreichtums einer anderen Frau ist etwas, was man gedanklich und philosophisch erst erfinden muß. ... Es ist die Verzweiflung, nie in eine vitale Beziehung zur Mutter treten zu können.«[11]

Der gedankliche und emotionale Abschied vom Ort der Maestra als einzigem und somit abzulösendem würde über die »Verzweiflung« hinausführen. Sobald die Mater/Maestra ihre Position nicht übergeben muß, d. h. Platz machen für die Abfolge, sondern auch als Produktive, deren Kompetenzen nicht an ihre Position gebunden sind, gesehen wird, ginge es nicht länger um Konkurrenz um einen Ort (Posten etc.). Es ginge auch darum, die Maestra nicht notwendig als einzuholende oder zu überholende zu erfahren, um Differenzsetzung (der Vorgangsweisen etwa) und von da aus Bezugnahme zu instituieren. Von ihrer Seite würde diese Bewegung eine Anerkennung der Töchter bedeuten und diese als Selbst-Produktive wahrnehmen, inklusive der Differenz von Zeit und Erfahrung, als »Anerkennung als sich gegenseitig Anerkennende« (Hegel).

Letzten Endes ginge es darum, mit den Produktionen und Produktionsweisen des Abstrakten umzugehen,
ohne die verbotene Differenzierung unter den Frauen, die sich abspielt als Konkurrenz um einen Ort, zu wiederholen
auch nicht in vorauseilendem Gehorsam in die Ausstreichung der eigenen Körperlichkeit zu verfallen
und zwar in dem Feld, das als Historie und Methode ebendiese Ausstreichung hat (die Wissenschaften)
und dies innerhalb der Gesetze, die institutionell die tote Abwesenheit vor der lebenden Anwesenheit privilegieren.

VI. ... SCHAFFEN KÖRPER-GRENZEN.

Das Berührungs- und Denkverbot, innerhalb dessen die Frauen agier(t)en, wäre umzuwandeln in eine Berührung der (eigenen) Gedanken, oder in eine Anrührung der eigenen gedanklichen Produktivität sowie in eine Berührungserlaubnis, die sich alles weder verbietet noch nahtlos vereinnahmt.

»Eine Erfahrung zum Anfassen, die nicht schon wieder ein Berührungsverbot, Schuldgefühle oder sonstwas impliziert. In der Hierarchie der Sinne heißt es von der Berührung, sie sei blind. Ich denke, daß sie einer anderen Ordnung angehört. Einer verfemten Ordnung, weil sie nicht abstrahiert. Sehenden Auges wird sie liquidiert. Die Spur des Spürens wird zunichte gemacht. Weil sich die Berührung nicht verschieben läßt, wird sie dauernd verschoben, ver-rückt.«[12]

Insofern die Universitäten einen geschützten Rahmen darstellen, könnte innerhalb der Ordnung das Anhalten der Verschiebung der Berührung probiert werden. Auch, weil nicht von einer tabula rasa ausgegangen werden kann, die als Ursprünglichkeit Grenzen negiert (Symbiose setzt), sondern sich die intellektuelle Produktivität per se in einer Verschiebung (der Mutter-Imago) bewegt. Es ist also eine doppelte Verschiebung (die zweite wäre die der weiblichen Produktivität auf Reproduktion), die – analog zur doppelten Opferung des Weiblichen – nicht identisch gemacht werden muß, sondern produktiv gestaltet werden kann.

In diesem Rahmen gibt es jedenfalls die Garantie der Generationen-Abfolge, die als Potential nicht zu unterschätzen ist bzw. nicht abgehandelt werden kann als unvermitteltes Tabu oder endgültiges Modell der Vermittlung: Denn hier überschneiden sich die (individuellen) Emotionen mit den allgemeinen (institutionellen) Vorgaben; gleichzeitig eröffnet die Option der geistigen – oder bestenfalls sozialen – Kompetenzweitergabe das Feld der Abkoppelung von der materiellen Re-Produktion, wie sie als gentechnologische Operationen die weibliche Gebürtlichkeit negieren. Die Frage wäre also, wie das Abkippen der weiblichen Vermittlungsebenen in das Modell der väter-söhnlichen Machtverhältnisse sich realisieren kann inklusive der Affirmation des produktiven Momentes, nämlich einen Austausch zuzulassen; ohne die Ablöse einerseits vorzuschreiben und ohne die Gleichheit der Frauen a priori zu setzen als erstrebenswertes Modell.

Nachdem diese Bewegungen innerhalb des institutionellen Rahmens der Alma Mater stattfinden, scheint die Option zu sein, die Vorgaben beim Wort zu nehmen und den Rahmen personell zu übersetzen: Den Ort zu eröffnen, der die Umgebung schafft; in actu in der mütterlich konnotierten Garantie das Risiko einer Selbstsetzung zuzulassen, die sich als Bezugnahme Einzelner (Positionierungen) ansehen will wie von sich als (weibliche) Zelle absehen kann.

Das schwindlige Telos dieser Überlegungen stellt sich erneut mit der Novellierung der ökonomischen Grundlagen der österreichischen Universitäten (bzw. der sukzessiven Abschaffung der Geisteswissenschaften), womit sich die Frage der Abschaffung der weiblichen Funktionen von den generativen Kompetenzen aus konzentriert auf die Anbindung an die Orte, Szenen jenseits der staatlich angeordneten Felder, die ja, was die feministische Theorienbildung angeht, eh schon lang die Produktivität garantieren. Den Granatapfel der Erkenntnis zu essen, stellt die Voraus-Setzung dar, denn: »Move your ass and your mind will follow!«

[1] Albert Camus, zit. nach Christina von Braun.
Jenseits der intra-prospektiven Diskurspraktiken war und ist diesen Gedanken das feministische Bildungszentrum *F*RAUEN*h*etz wesentlich.

[2] Die kursiven Passagen dieses Abschnittes sind geliehen aus Luce Irigaray: 'Speculum. Spiegel des anderen Geschlechts'; Fr./M. 1980, S. 16f.

[3] Dazu Trinh T. Minh-ha 'Permitted Boundaries: The Politics of Identity and Difference'; Vortrag beim Symposion »Rassismen&Feminismen«; Wien 1994

[4] Das Verfahren ist die »Hysterisierung des Denkens«; ähnlich wie Luce Irigaray mimetisch verfährt. Die Trennung von abstrakter und sinnlich wahrnehmbarer Welt, in deren Verlauf die sinnliche Welt zur Lüge erklärt wird, scheint aufgehoben in der Verkörperung der Abstraktionen: Hysterie, Magersucht, etc. Siehe: Christina von Braun 'Nicht Ich. Logik Lüge Libido'; Fr./M. 1990

[5] Gerburg Treusch-Dieter im Interview 'Autonomie auf der Überholspur: ein mobiler Parcours zwischen Anfahrt und Einfahren'; in: Autonomie in Bewegung. Dokumentation der 6. österr. Frauensommeruniversität; Wien 1991, S. 249

[6] Dazu siehe auch die Reflexionen zum Projekt, den Wechsel zwischen Wunsch nach Diskussion und Selbst-Verhinderung.

[7] Uli Weiss, zitiert aus Protokollen einer Projektreflexion. Es täten sich mindestens zwei Modi oder ein Cocktail aus beiden auf, feministischerweise Präsenz zu erhalten: Der Einstieg in andere Institutionen und die charismatische Missionierung ebendort; die Abfahrt auf, in frauenbewegte Projekte.

[8] Theodor Wiesengrund Adorno 'Minima Moralia. Reflexionen aus dem beschädigten Leben'; Fr./M. 1993, S. 25

[9] Luce Irigaray 'Genealogie der Geschlechter'; Freiburg 1989, S. 140f. Der Text wurde 1984 vorgetragen.

[10] Siehe Peter Heintels 'Thesen und Fragen zur Institutionalisierung von Wissenschaft und Forschung' (unveröff.).

[11] Luisa Muraro 'Die symbolische Ordnung der Mutter'; in: Vorträge von Luisa Muraro; Facetten feministischer Theoriebildung Bd. 5. Fr./M. 1989

[12] Gerburg Treusch-Dieter, s.o. S. 251.

Abschließend den Akzent auf Wahrnehmung zu setzen, begründet sich in den aisthetischen Unterschieden weiblich/männlich, real/imaginär, lebendig/tot. Diese Erfahrung bestätigte sich beim Symposion 'Leben erobern' (Institut für Wissenschaft und Kunst, Wien 1994) als Auseinanderklaffen der differenzierten Analysen und der Alltags-Wahrnehmung.

Ingvild Birkhan

ABSAGE AN DEN DÜSTEREN BLICK AUF FRAUENBEWEGTE ARBEIT IM UNIVERSITÄREN RAUM[1]

Die Auseinandersetzung trägt den Charakter einer Skizze. Ich nehme Bezug auf Thesen des Artikels *Feminismus an der Universität – ein Antagonismus?* von Birge Krondorfer.[2]

DER STREITPUNKT

Das Anliegen läßt sich zu der Frage bündeln, ob feministische Theoriebildung, sofern sie an den Universitäten/Hochschulen geschieht, der Frauenbewegung abträglich ist. Wäre es nach den bisherigen Erfahrungen entscheidend, daß Feministinnen das Prinzip der Entmischung aufstellen, sich dem universitären Territorium entziehen und primär selbstorganisiert, autonom feministische Theorie und Bildungsarbeit leisten?

Wenn eine autonome Einrichtung wie etwa die Buchhandlung *Frauenzimmer* sich als »Glühlampe im Dunkel patriarchaler Finsternis« aufgefaßt hat, so ist mir diese Zuschreibung der Leuchtfunktion für autonome Orte einleuchtend – was immer es an Prozessen im Selbstverständnis weiterhin gegeben haben mag. Achtung vor der Bedeutung autonomer Projekte zu haben, das ist nicht das Problem. Die Frage beginnt da, wo die Zurückweisung der universitären Institutionen als möglicher wichtiger Räume für feministische Lehre, Forschung und Bewußtseinsbildung erfolgt und die Intention zu einer strikten Polarisierung zwischen *autonom* und *universitär*, zwischen *außen* und *innen* hindrängt.

DIE AUSGANGSBASIS

Gewisse fundierte Prämissen und Orientierungen sind für uns beide von Tragweite: Die Wissenschaftstradition in unserem Kulturraum war und ist noch immer primär männlichen Zielsetzungen, männlicher Dominanz unterworfen. Die strukturellen universitären Bedingungen privilegieren männliche Biographien, männerbündische Organisationsformen und die Generationenverkettung von geistigen Vätern zu Söhnen hin.

UNTERSCHIEDLICHE POSITIONEN

Hinsichtlich der feministischen Theorieproduktion betreffen unsere Divergenzen offensichtlich:

A) Die Einschätzung der Möglichkeit und Bedeutung auch am Schauplatz Universität, so wie er jetzt (noch) ist.

B) Die Beurteilung dessen, was an den Universitäten / Hochschulen an feministischen Aktivitäten schon geschehen ist.

Zur Erörterung des Standortes und des von mir befürworteten Postulates der Intervention auch am Schauplatz Universität greife ich nun etwas genauer auf den erwähnten Artikel zurück.

Für die menschliche Existenz hat *die* Institution eine Schutzfunktion, bringt Grenzziehungen, Ordnungsstrukturen in Raum und Zeit, regelt Formen der Zugehörigkeit und Kommunikation, der Arbeitsteilung und Konfliktaustragung. Folgen wir der Interpretation, so ist evident, daß gemäß einer so grundlegend sozialanthropologisch gelesenen Auflistung von Aufgaben der Institution beide Geschlechter auf diese Funktionen angewiesen sind. Das Interesse richtet sich im Augenblick nun nicht darauf, was in einem weiten Sinn zu Macht und Institution kritisch vorzubringen wäre, sondern sucht im besonderen »Gründe der Nichtexistenz weiblicher Subjekte«[3] im Kontext institutioneller Wissenschaft.

ZUR INSTITUTION UNIVERSITÄT

Für diese Überlegungen beruft sich Birge Krondorfer auf psychoanalytische Ansätze von Uwe Arnold, der den Willen zur Sohnesherrschaft über die Muttermacht als Motivation für die Errichtung des Gebäudes Wissenschaft konstatiert:[4]

Wissenschaft als Geschenk von männlichen Wesen an die Mutter

Wisenschaft als Ersatz für die Mutternähe

Wissenschaft als die Technik, eine Kunst-Mutter hervorzubringen (zuverlässig funktionierende Maschinen)

Wissenschaft als Produktion zweiter Natur (Werk als Geburt)

Wissenschaft als ödipale Verwirklichung des Geschlechtsverkehrs (im männlich-logischen Denken) und als männliche Emanzipation von der Gefährlichkeit weiblicher Realität (in der Phantasie).

Das Unternehmen Wissenschaft wird somit von diesem Blickwinkel als hierarchisiertes Mutter-Sohn-Verhältnis wahrgenommen. Die Alma Mater Universität sei einerseits Abwehrkonstruktion und andererseits Einkehrmöglichkeit für männliche Wesen.

ARGUMENTE FÜR EINE EINMISCHUNG

Entsprechen Frauen gemäß dieser Deutung nicht einem mächtigen männlichen Wunsch, wenn sie der Alma Mater nun wiederum fernbleiben? Vielleicht beugen sie sich nicht mehr dem Denkverbot, aber sie sammeln sich wenigstens anderswo. Ohne Zweifel hat ein Draußenbleiben mehrere Gesichter, aber könnte *ein* Aspekt nicht dieser sein, daß es Männer durchaus mit Zufriedenheit erfüllt, wenn diese geschilderte Konstellation vor Ort nicht erschüttert wird. Weiters erstaunt mich an der Analyse, die sich mit der Mutterimago/Muttermacht ausdrücklich befaßt, die Ausblendung der Vaterinstanz. Das besagt einiges für das männliche Selbstverständnis. Mir aber geht es hier um die anstehende Auseinandersetzung von 'Töchtern' mit 'Vätern'. Welche Rollen ließen sich – wiederum vor Ort – von Feministinnen dekonstruieren, um sich »von der Gefährlichkeit männlicher Realität« zu emanzipieren?

Was nun die geschichtliche Genese der Universität betrifft, haben historisch bewußte Frauen vor Augen, daß nicht nur eine 'Weiblichkeit'ausschließende, sondern darüber hinaus klerikal akzentuierte Entstehungsgeschichte zu verzeichnen ist. Welche Konsequenzen aber ziehen wir daraus, wenn wir hinzunehmen, daß diese universitären Orte der 'Wahrheitsfindung' sich mehrfach beachtliche Umwälzungen haben gefallen lassen – ob nun die neuzeitliche Wende oder die Revolution der Aufklärung beschworen wird. Ist wirklich von vornherein auszuschließen, daß ein feministischer Umbruch große Wirkung zeitigen könnte?

Dazu kommt, daß nicht erst seit diesem Jahrzehnt Aktionen und Konzepte existieren, die Prozesse verstärken wollen, die unter anderem deutlicheres soziopolitisches Bewußtsein, Basisbezug, neue Vermittlungsformen und Praxisnähe urgieren. Diese Anstrengungen kommen durchaus auch von männlichen Theoretikern und Bildungspolitikern – auch von universitärer Seite. Wenn feministische Frauen solche Forderungen als wesentlich betrachten und daran arbeiten, dann läßt sich, meine ich, die Universität nicht schlechthin und einseitig als erstarrter männlicher Gigant entwerfen, der nur negative, für Frauen irrelevante 'männliche' Konzepte, Parameter und Kriterien von sich gibt. Dann verlaufen die Bruchlinien komplizierter. Und so geschlossen ist der universitäre Block nicht, daß es nicht Freiräume und Innovationen gäbe und daß es sich nicht lohnte, weitere Türen zu öffnen und zum Beispiel verstärkte Zusammenarbeit mit Frauen in den Schulen zu suchen.

MEHR ALS DIE HÄLFTE DER STUDIERENDEN SIND FRAUEN

Nach all diesen Erwägungen aber möchte ich vorallem auf dem für mich besonders naheliegenden und entscheidenden Argument insistieren. So viele Studierende – und mehr als die Hälfte sind inzwischen eben Frauen – lernen, debattieren und arbeiten jahrelang in dieser Institution. Sollen sie in dieser Zeit mit Frauenforschung/Feministischer Forschung nicht konfrontiert werden!? An Intensität wird diese Konfrontation der in selbstorganisiterten Frauenzusammenhängen nicht vergleichbar sein. Doch ich glaube nicht, daß sie das politische Bewußtsein unberührt läßt, daß sie für künftiges Handeln nichts bedeutet, daß sie keine Effekte zeitigt und letztlich den Feminismus lähmt. Wäre ein Traum die Errichtung einer Frauenuniversität?[5] Selbst wenn ein solches Projekt für gewisse Bereiche eine Chance hätte und nicht »alte Hüte in fraulicher Regie«[8] angeboten würden, bliebe für mich daneben die Forderung nach breit gestreuter Aktivität und Diskussion in vielen Szenarien, auch an den überwiegend männlichen Universitäten und Schulen.

VERURTEILUNG IN BAUSCH UND BOGEN

Eine Lesart, die für die etwa 20 Jahre feministischer Lehre und Forschung an den Universitäten in Pausch und Bogen nur negative Urteile findet, mag von hochgespannten Erwartungen rühren und könnte zu neuen Ufern drängen. Prekär und schwer annehmbar aber ist für mich der von hohem Roß auf die mit dieser Forschung befaßten Uni-Frauen verteilte Argwohn der »Fetischisierung von Stellen und Posten«, des »inflationären Titelehrgeizes« und des Karrierismus, ohnedies der Anpassung. Kein Wort der Anerkennung, aber auch kein Ansatz zu einer konkreteren kritischen Analyse taucht auf für die von Seiten der Studentinnen, Lektorinnen, Assistentinnen, Professorinnen – kurzum, der Frauen aller drei Kurien – und auch der Frauenabteilung des Ministeriums unternommenen, immer wieder neu einsetzenden Initiativen, um die Benachteiligung der Wissenschafterinnen zu bekämpfen und um der feministischen Themenstellung innerhalb der Universität etwas Gewicht zu verschaffen. »Aufbruch und Einmischung werden per se als nicht institutionsfähig diskreditiert«?[7] Wurden innovative Anfänge der feministischen Lehre nicht zunächst von in der Universität verankerten Frauen gesetzt? Und dies geschah keineswegs ohne Referenz auf die soziale Bewegung. Desgleichen wurden von ihnen zeitaufwendige Ring-Lehrveranstaltungen organisiert und von Frauenreferaten spannende große Symposien. Haben etwa die externen Lektorinnen, die weiterhin einen guten Teil der feministischen Lehre trugen/tragen, gar nicht für Einmischung gesorgt? Und wurde nicht immer wieder auch von innen für diese Lehrbeauftragten gekämpft? Damit sind nur einige von den zahlreichen Aktivitäten genannt.

Es stimmt, eine »Streitkultur der unterschiedlichen Biographien«[6] stand und steht nicht im Vordergrund. Da sollte ein Prozeß beginnen. Doch im Sinn der Politik der kleinen Schritte (die ich nicht verachte) habe ich von seiten der Frauen viel Konfliktaustragung und Widerstand bezogen auf männliche Uni-Vertretungen erlebt und zudem intensive Kooperation und hochschulpolitische Arbeit in Gruppen, wo um eine Sache gestritten wurde.

AUSBLICK

Mein Wunsch wäre, daß solche Aktivitäten weiterlaufen und daß die Unifrauen und autonome selbstorganisierte Projektgruppen mit ihren konkreten Vorschlägen, Erfahrungen und Kritikpunkten im Austausch stehen. Für das Problemfeld der Theorie entspricht die scharfe Dichotomisierung von *außen* und *innen* selten den realen Lebenszusammenhängen von Frauen. Das offener in die Selbstreflexion einzubeziehen, wäre ein Moment der postulierten Streitkultur.

[1] Der Artikel wurde bereits publiziert in: AUF-Eine Frauenzeitschrift 85. Wien 1994. S. 8–10.

[2] In: Trallori, Lisbeth N.; 'Leiblichkeit und Erkenntnis. Beiträge zur feministischen Kritik'; Wien 1992

[3] s.o. S.12

[4] ebd.

[5] Vor einigen Wochen bin ich mit Mitarbeiterinnen der Frauenuniversität in Norwegen in Verbindung getreten, um zum Programm und zur Organisation dieser Einrichtung etwas in Erfahrung zu bringen.

[6] s. Anm. 2. S. 14

[7] ebd.

[8] ebd.

Birge Krondorfer

FEMINISMUS IN DER UNIVERSITÄT – EINE 'ANTAGONIE'[1]?[2]

Die Debatte um die Differenz Institution/Frauenbewegung wird auch in keiner Frauenöffentlichkeit mehr geführt. Dieser Problematik scheint sich keine mehr stellen zu wollen. Oder sind feministische Optionen bezüglich einer Institutionskritik obsolet geworden, da postmodern alles eh zum besten steht? Oder ist es nicht vielmehr so, daß es gegenwärtig obskur wirkt, wenn feministisch-politische Analysen nicht nur hübsch-akademisch zu Papier gebracht werden, sondern damit auch noch Handlungsperspektiven, -konsequenzen und -konzeptionen verbunden werden wollen?

Ingvild Birkhan und ich wollen mit den kontroversiellen, dennoch relationalen Kommentaren eine Diskussion wieder eröffnen, die wünschenswerterweise zu mehr anregen soll, als einer netten selbstreferentiellen Lektüre: zu einer dringlichen Anfrage an frauenforschende Akademikerinnen ebenso wie an Wissenschaftsabstinenzlerinnen: ist es nicht an der Zeit, die Auseinandersetzung um 'drinnen und/oder draußen' gemeinsam und in einem öffentlichen Diskurs wieder aufzunehmen?

ZUR INSTITUTION UNIVERSITÄT

»Das Leben eines Mannes ist ein Mannesleben; das Leben einer Frau ein Frauenleben: Männlichkeit und Weiblichkeit sind nicht nur Bestandteile des Lebens, sondern dessen Modi. In Analogie zu Wittgensteins Bemerkung über den Tod könnte man sagen, daß meine Männlichkeit nicht eine Erfahrung in der Welt ist, sondern meine Art die Welt zu erfahren.« (Peter Winch)

»Wenn etwas freigelegt werden muß, dann ist es das Männliche, das sich unter dem Deckmantel der 'Neutralität' der politischen und bürokratischen Institutionen bis in die untersten Gefilde hinein verborgen und festgesetzt hat. Dazu bedarf es einer feministischen 'Institutionenarchäologie', die die formaldemokratisch camouflierten Schichten männerbündischer Strukturen und männerbündischen Verhaltens ganz nach oben kehrt. Es geht also nicht nur darum, die in den entscheidenden Gremien der Institutionen nicht vorhandenen Frauen zu benennen (das wäre bei knapp über Null gelegenen Werten ja rasch erledigt), sondern es muß vorrangig darum gehen, die Institutionen als männliche zu dechiffrieren.« (Eva Kreisky)

Die Universität ist da keine Ausnahme, im Gegenteil sie repräsentiert – und das nicht zufällig – ebenso wie Militär und Kirche nach wie vor eine männliche Hochburg. Die Qualifikationsrituale und -kriterien sind an den Normen und Vorstellungen des männlichen Lebenszusammenhangs (– als auch an den Erfordernissen kapitalisierter Vermittlungsprozesse) ausgerichtet. Abgesehen von Putzfrauen und Sekretärinnen und Auszubildenden sind Frauen marginalisiert. Seit einigen Jahren – und erst durch die Frauenbewegung initiiert – versuchen Wissenschafterinnen in gesellschaftlich höherwertige Positionen, die die Institution zu vergeben hat, zu drängen. Das bedeutet auch, sich dem Zwang zu Über- und Unterordnung zu unterwerfen und mit Sicherheit belohnt zu werden. Inzwischen wurde um Gleichbehandlungskommissionen und ähnliches gekämpft, was zum Teil auch eingelöst werden konnte. »Alibiabteilungen, auf die man im System jene Verantwortung schiebt, die eigentlich das ganze übernehmen sollte.« (Peter Heintel) Nicht nur dies, sondern frau wird den Verdacht nicht los, daß es dabei um die Verwaltung eines Mangels geht, was natürlich klammheimlich oder auch unverblümt offen seitens der Herrschaften belächelt wird. Die Ignoranz ist nahezu grenzenlos, und bloß um den Preis der (subtilen und sublimierten) Unterwerfung unter immer schon vorausgesetzte Anerkennungsmechanismen läßt sich an der Patina routinierter Umgangsformen kratzen. Umgekehrt proportional fließen Ströme endlicher weiblicher Energien in diese schlechte Unendlichkeit – und stützen damit letztlich noch das Funktionieren der Axiome einer Hierarchie, die für notwendige Erklärungen der menschlichen Angelegenheiten nichts mehr übrig hat. »Der Diskurs der Wissenschaft hat ein symbolisches Universum zum Gegenstand, und zwar ein Universum, das aus Symbolen besteht, deren Bedeutungsvektoren nach innen zeigen (statt auf die konkrete Lebenswelt draußen). ...die gegenwärtige Wissenschaft (ist) typisch für die nachindustrielle Gesellschaft. Sie ist eine Wissenschaft für Programmatoren und Funktionäre. ... Die Programme des Wissenschaftsapparats sind eine außerordentlich unterhaltsame Zerstreuung, weit unterhaltender als alle übrigen uns verfügbaren Programme. Aber sie machen uns nicht weiser. Im Gegenteil, sie zeigen, daß Weisheit ein Defekt ist. ... Auf alles Wissen, das uns betrifft, müssen wir verzichten. Das ist es, was wir wissen.« (Vilém Flusser)

ZUM INSTITUTIONALISIERTEN WISSEN

Was jede auch weiß, ist der Befund – und sei es vorbewußt oder anhand ihrer pathologischen (auch somatischen) Symptome – daß Weiblichkeiten nur als gestutzte und gezähmte Zutritt erlangen. Der Frauenausschluß aus dem Wissensproduktionszusammenhang ist historisch ja auch Wissenschaftskonstitutiv. Die Genealogie des Wissens selbst belegt seit den Entstehungen der ersten (philosophischen) Akademien, daß dieses immer eine ausgemachte Sache zwischen 'Vätern' und 'Söhnen' war. Die Selbstverleugnung des Weiblichen – wobei nicht an genuine Bestimmungen gedacht wird – ist dann auch bezüglich der Inhalte und ihrer Vermittlungsformen evident. »Jede bisherige Theorie des Subjekts hat dem 'Männlichen' entsprochen. In der Unterwerfung unter eine solche Theorie verzichtet die Frau, ohne es zu wissen, auf die Besonderheit ihrer Beziehung zum Imaginären. ... Doch wie könnte sie, mehr und mehr mit Metaphern ausgestattet, irgendeinen Laut – irgendein 'mein' aus diesem chevaleresken Flitterkram heraus äußern? Wie einen Weg, eine Stimme finden, die stark oder bestimmt genug wären, um diese Schichten von Ornamenten zu durchdringen, diese dekorative Grabstätte aufzubrechen, die ihr schließlich den Atem nimmt?« (Luce Irigaray) Die Wissenschaft als eigene Macht ist abgehoben von den 'Gemeinen' – und kompensiert damit ihren Realitätsverlust. Die Einzelwissenschaften und das Spezialistentum fungieren als Selbstschutz der 'reinen Lehre' durch Selbstverkomplizierungen, die durch Reduktion und Abstraktion Privilegien und Ausgeschlossenheit produzieren. Die Selbstdogmatisierung der Wissenschaften hat die Sicherung ihrer Vertreter zur Funktion. (P. Heintel) Gehört es also zur notwendigen Illusionsbildung der frauenforschenden Wissenschafterinnen, sie hätten als 'man' etwas zu sagen und könnten als Frau partizipieren bzw. umgekehrt? Einmischung würde ja eine Gleichwertigkeit voraussetzen, die nicht existiert, da die Paradigmen von Lebens- und Erkenntniskontexten in der Institution Wissenschaft nicht mit der weiblichen Geschichte und Gegenwart korrespondieren – und es vielleicht auch gar nicht können. Eine der wissenschaftsimmanenten Verführungen in Form eines un/ausgesprochenen Gesetzes lautet ja: hier kritische Anlayse hat nichts zu tun mit dort konkreten politischen Handlungen und Haltungen. »Im Gegensatz zu dem, was uns die Medien andauernd einreden wollen, ist der Feind heute nicht der 'Fundamentalist', sondern der Zyniker – selbst eine bestimmte Form des 'Dekonstruktivismus' hat am universalen Zynismus teil, indem sie eine noch raffiniertere Version der cartesianischen 'provisorischen Moral' vorschlägt: 'In der Theorie (in der akademischen Schreibpraxis) dekonstruiert soviel ihr wollt und was ihr wollt, aber im täglichen Leben spielt beim gerade dominierenden gesellschaftlichen Spiel mit!' »(Slavoj Zizek) »Wenn die Perspektive so eingerichtet ist, dann führt die Bewegung der Frauen bestenfalls zu einem Staatssekretariat für Frauenfragen, d. h. zu einer beschleunigten Rationalisierung des Kapitalismus, was auch schon etwas mehr ist als nichts … anstatt sich als Auslöser der Explosion des Humanismus zu verstehen.« (Julia Kristeva)

ZUR WEIBLICH-KOLLEKTIVEN SELBSTORGANISATION IN FEMINISTISCHER ABSICHT

Wenn also Wissenschaft und Theoriebildung eine spezifische reale Reflexion auf bestimmte soziale Zusammenhänge darstellen, so ist die Frage nach der Rolle der Frau in der Institution immer schon eine 'gerollte'. Solidarisierungen innerhalb der Universität laufen bestenfalls abstrakt und ohne wirkliche – inhaltliche – Auseinandersetzungen mit-, unter- und gegeneinander. Differenzen sind tabuisiert, da jede Frau ja prinzipiell immer alle Frauen ist. Politische Querverbindungen zu den

Frauen draußen – von Hausfrauen bis zu feministischen Projekten – werden erst gar nicht gesucht. Beziehungs- und Konfliktaustragungen und –regelungen werden entweder (höflich) vermieden oder in vorgestanzten Mustern – und in Akzeptanz disziplinierter (bürgerlicher) Verhaltensweisen – 'abgehalten'. Mütterlich agierende Professorinnen, das (väterliche) Wissen nicht nur repräsentierend, sind dann noch die positive Regel. »Daß Frauen gesellschaftliche Anerkennung fordern, indem sie statt ihres 'Unwertes' ihre Gleichwertigkeit reklamieren, ist an sich in keiner Weise in Frage zu stellen. Dennoch ist diese geforderte Anerkennung an männlichen Parametern orientiert. D. h. der Wertbegriff selbst, der ihren Unwert oder ihre Gleichwertigkeit definiert, wird akzeptiert. ... Frauenforderungen nach gesellschaftlicher Veränderung haben aus dieser Perspektive immer nur den Stellenwert des Besonderen, des Zusätzlichen, des an sich nicht Machbaren, dem nur, wenn das Allgemeine nicht in Frage gestellt wird, Recht zu geben ist. Darum bleibt es bei 'Frauenförderung' im Besonderen, wenn sie dem Allgemeinen nicht widerspricht. ... Patriarchatskritik ist auf das Patriarchat fixiert, für das sie lediglich die 'bessere' Frau konzipiert. Dementsprechend orientiert sich Frauenforschung und -wissenschaft längstens wieder an einem Begriff von 'Objektivität', von dem sie sich allgemeine Geltung unter besonderen Aspekten verspricht. Schriftgebote und Mundverbot sind da, wo 'Mütter' über 'Töchter' urteilen – bspw. in Hochschulkommissionen – konstitutiv.« (Gerburg Treusch- Dieter)

Nun war und ist die feministische Bewegung an sich eine fundamentale System- , Gesellschafts- und Institutionskritik, die weder für sich bleiben wollte, aber noch nicht einmal unter (feministischen) Frauen für sich geworden ist. (Sogenannte autonome) Selbstorganisation wäre und ist der unerläßliche Versuch einer weiblich-kollektiven *Selbsttranszendierung als feministische Systemtranszendenz!* Warum Geistestäterinnen, die doch zu den wenigen Frauen gehören, die das 'Privileg' eines (selbst-)kritischen Instrumentariums 'genießen', die Fragen nach feministischen Orten einerseits und nach einer weiblichen Organisation, die nicht apriori eingebunden sein will, andererseits, tendentiell negativ beantworten und die wenigen Frauenorte meiden, bzw. milde oder überheblich belächeln – das ist noch und immer wieder das Problem. Haben Frauen Angst vor Frauen? Und wenn warum? Ist das allgemeine roll-back schon derart internalisiert worden, daß es auch unter den 'Besonderen' sich lediglich in einer Abgrenzungsdialektik gestaltet? »Wo im Besonderen doch noch eine Chance steckt, wird sie durch die Konkurrenz der Frauen untereinander minimiert, die am besten dann floriert, wenn der Mangel regiert. Diesen bekommen, heute mehr denn je, alle autonomen Fraueninitiativen seitens der Frauenpolitik zu spüren, soweit sie über 'Töpfe' verfügt. Das Schöpfen aus diesen 'Töpfen' wird wie am Familientisch organisiert. Die institutionalisierten 'Mütter' gönnen den 'Töchtern' nichts, was nicht 'hart erarbeitet' wurde. Das Gesetz des Vaters im 'Gesetz der Frauen' bleibt unreflektiert.« (G. Treusch-Dieter)

Die schlechte Notwendigkeit der scheinbaren Alternative von Drinnen und Draußen, die sich bestenfalls in einem 'Austragen' der Widersprüche bei und zwischen Einzelnen zeitigt, sollte als Aufforderung zur Selbstreflexion der Verhinderungsmotive nach weiblichen gemeinsamen Grenzgängerinnentums und Grenzüberschreitungen nicht nur gelesen werden. »Es hat nämlich die 'Selbstaufklärung' des Menschen über seine von ihm selbst inszenierte Organisation noch immer nicht ausreichend stattgefunden; … so bedürfen wir neuer Organisationsformen, die dem Widerspruchselement Organisation-Gruppe sehr wohl wird Anleihen nehmen müssen.« (P. Heintel)

Damit es nicht wiederum nur 'seine' neuen Organisationsreflexionen sind, müssen Frauen sich als der – hoffentlich noch lebendige – Systemwiderspruch begreifen und tun.

[1] Agonie: Todeskampf; Agonistik: Wettkampfwesen, –kunde; Antagonismus: Gegensatz, Gegnerschaft, Widerstreit, Widerstand; antagonistisch: in einem nicht auszugleichenden Widerspruch stehend.

[2] erschienen in: AUF-Eine Frauenzeitschrift, 85, Wien September 1994

Johanna Riegler

KURZUM, EIN NACHWORT...

Ein paar Sätze draufzugeben, wurde ich gebeten, weil ich gekommen bin: Prospekte schauen und danach die Hetzgasse (be)suchen; ein Adabei sozusagen!

Nachdem Prospekte schauen und durch die Gassen hetzen, nicht unbedingt erfreuliche Tugenden der Zeit sind, habe ich die Texte der Damen studiert, die mit Prospekten und Hetzgasse anderes meinen, obwohl sie nur allzu gut wissen, daß sie auch in jener vollplakatierten und knappen Zeit schreiben.

Mein Applaus gilt ultrapauschal und vorweggenommen der Existenz ihres Werkens, ob referierend, mal mehr oder weniger diskutierend, ob schreibend oder organisierend. Denken und Tun abseits der individuellen Schiene ist alles andere als selbstverständlich geworden; die Klage darüber jedoch zur entschuldigenden Gewohnheit.

»Ding-Dong – the witch is dead...!« sang Klaus Nomi bereits zu Beginn der 80er Jahre.

»Burn out« ist nicht nur ein vieldiskutiertes Symptom in pflegenden und heilenden Berufen, sondern auch in gesellschaftspolitischen Frauenzusammenhängen. Daher dieses direkte Lob an die Weiterführung skeptischer Bemühungen seitens der Akteurinnen und Autorinnen.

Der Vergleich deutet schon an, daß es nicht darum gehen kann, sich als ausgemergelte Krankenschwester zu rehabilitieren, um die uralte Aufgabe der Frau am zerfetzten »Gesellschaftskörper« in Harmonie und Eintracht fortzuführen und sei es nur, um damit seine eigene Sterilität zu kompensieren.

Zweifelsohne befindet sich Feminismus, dessen Speerspitze in den 70er Jahren abgeschossen wurde, im postmodernen Hin- und Herhüpfen (Eins und Null) in einer paradoxen Situation: Ein »peinlicher Leergang« macht sich breit, der einerseits bedingt, daß die Lilawäsche nur mehr zum Putzen oder Ausmalen verwendet wird, und andererseits die Fluchtlinien des revolutionären Speerlaufes in den enger werdenden

Räumen der ministeriellen, universitären und marktstrategischen Betriebsamkeit versanden. Ein Kurzschluß ohne Echo, während Frau immer noch putzt und übermalt, falls ihr nicht im Zuge des Fortschrittes die zweifelhafte Rolle zugefallen ist, Sand aus dem Getriebe zu entfernen.

Einen Weg zwischen »Hopp oder Drop«, nicht nur auf die Eins zu setzen und sich dennoch nicht mit der endlosen Ausschmückung bzw. Potenzierung der Null abzufinden, erweist sich meines Erachtens nur begehbar, wenn Entstehungsgeschichte und Transformationen des nun als »überflüssig« gestempelten Feminismus mitgedacht und –kritisiert werden.

Ja, unglaublich! – Die Feministin der Neuen Frauenbewegung ist gewollt oder ungewollt Mutter geworden und erscheint dementsprechend konservativ, moralisch und beschwerlich. Die Verfemung ihrer Intentionen gleicht bösen Schwiegermutterwitzen, die Distanzierung der Töchter ist im selben Maß notwendig wie schwierig. Mamis proklamierte Autonomie ist nur insofern glaubwürdig, als sie die damit verbundene Abspaltung nicht außer Acht läßt, dasselbe gilt zeitverschoben auch für die Tochter. Die wunden Flächen der Trennung, zwar unumgehbare Bedingung für Autonomie und Infragestellungen, sind nämlich gleichzeitig das beste Einfallstor jener homogenisierenden Tendenzen, die vergessen machen, was die Voraussetzung von Mit-Tun oder Widerständigkeit waren. In der Aufhebung ihrer eigenen Voraussetzungen wird Autonomie zum Automaten und der Wunsch nach Veränderung zum rationalisierbaren Terrain.

Bildung, ein zentrales Stichwort und Anliegen der vorliegenden Veröffentlichung, führt bereits mitten ins Dilemma hinein. Humanbildung im klassischen Sinne versteht sich zeitgemäß als genetische Programmwahl. Insofern verwundert es nicht, daß Bildung heute maßgeblich einer optimalen, marktstrategischen Produktion eines verwertbaren Subjektes entspricht, das souverän einer äußerst kurzlebigen Nachfrage entgegenkommt. Wenn weit und breit kein Zusammenhang, aber auch keine Verantwortung sichtbar sind, dann entwickeln sich überproduktive und ängstlich-besorgte Individualkulturen, die in ihrer perfektionierten Gewissenhaftigkeit aufs Ganze gehen. Reaktionäre Tendenzen werden durch schillernde Miniaturichs, die in sich kreisen, nicht übersehen, sondern sind die Folge einer gesellschaftlichen Atomisierung. Hier setzen die Beiträge an, konfrontieren sich mit den Widersprüchen im Versuch, einen kollektiven Kontext herzustellen zwischen weiblicher Selbstreflexion der Lebensbedingungen, theoretischen Sichtweisen und politischen Strukturen. »Verunsicherung abgesteckter Selbstläufe«, »Erarbeitung von Handlungskompetenz«, »Abschied vom Opferstatus«, »Eröffnung von Lernprozessen« sind nur einige der ergreifenden Begriffe, zu denen ich Notizen bei der Lektüre des Bildungsabschnittes anfertigte und darunter prangert der mahnende Satz von Ruth Devime: »Bevor konkrete Anforderungen formuliert werden, erfüllen sie die Mädchen schon.« Diese Dynamik steigert sich ihrer Meinung nach bei »großen Frauen«.

Danach relativiert sich aber auch, das von Renata Fuchs und Gabriela Prosek »fem-intern« eingebrachte Zitat von Regine Reichwein, das sinngemäß meint, daß Frauen Wünschen und Wollen nicht beigebracht wurde. »Dein Wunsch ist mir Befehl, Schatzi!« So zeigt sich ihr Wunsch immer schon als Kehrseite eines unsichtbaren Befehlsstachels, falls er auf »Freiheit von« etwas abzielt. In jedes anstehende Rationalisierungskonzept gehen massiv die Opferenergien der Wünschenden ein, die meinen, daß ihnen etwas fehlt, während es im selben Moment spurlos verschwindet.

Auf »Eigenheit« oder Eigensinn zu beharren, während sich die androgyne Intelligenzia am Strand tummelt, um ihre Spuren der Subjektwerdung vom schäumenden Ozean überfluten zu lassen, ist allemal eine mutige Angelegenheit, vor allem dann, wenn sie »ihre verrückte Entscheidung« nicht als Mangel oder gar Krankheit definieren.

Den Ärger über das »zynische Syndrom«, das zu einer grinsenden Abspaltung von Wissen und Handeln führt, greift Birge Krondorfer in ihrem Bestreben auf, feministische Dissidenz an eine »politische Verkörperung von Theoriebildung« anzunähern. Interessanterweise korrelieren humorvolle Illusionslosigkeit und verbitterte Resignation gesellschaftlicher Perspektiven und individueller Wahrnehmungen mit übereiliger Tüchtigkeit, Anpassung in Eigenregie sowie den obligaten Hinweis auf Sachzwänge und Kompetenzverlust. Was der kynische Protest des Diogenes von Sinope durch seine Furze und Scheißakte am Athener Marktplatz demonstrierte bzw. einforderte, waren nämlich nicht unbedingt Bedürfnisanstalten (Toiletten für Platon!), sondern Vorstellungen von einem Sozialkörper, der Leiblichkeit und handelnde Individualität nicht in einer abstrakten Ideenlehre abspaltet. Die »under-dog-Existenz« weiblicher Sozialkörper erinnert schon im Wort an den Hund Diogenes, der leibhaftig in seinem Handeln nicht bereit war, sich der platonischen Abstraktion zu unterwerfen.

Ein extrem hohes Individualisierungsniveau, so begründet es auch immer sein mag, trägt in sich die Gefahr des Verlustes von Sozialkörpern, die aber nicht nur mehr oder weniger beklagenswerte Ordnungszusammenhänge schufen, sondern individuelle Gelassenheit ermöglichten. Gelassenheit ist aber im Gegensatz zur Getriebenheit die unbedingte Voraussetzung für die denkende Reflexion bestehender Zusammenhänge. Getriebenheit hingegen produziert nur mehr affirmatives Denken und führt zur schonungslosen Anpassung. Im Sinne eines Verkörperungsdenkens wäre auch der Beitrag von Katharina Pewny zu sehen, die in ihrer Analyse die Still-Legungstaktik einer unberührbaren Alma Mater herausarbeitet.

Marcella Stecher, Eveline Pammer und Katharina Pewny beschreiben minutiös, was es heißt, »sich absichtlich zu finden«, sich in selbstorganisierten »Präsenzen« und »Repräsentationen« zu üben. Da ist die Rede von inneren Abschlußtendenzen sowie Ängsten vor dem Außen. Es entstand ein »hinter und vor den Kulissen-Effekt«; Was liegt zwischen dem Verzicht auf »selbstgewisse Autorität einer (phantasmatischen) männlichen Identität« und einem »sich doch ernst nehmen wollen«? »Herzeröffnungen« und »Penelope bzw. Sisyphus«-Attitüden wurden angeführt.

Juliane Alton gibt eine coole Antwort auf ungeheuerliche Erkenntnisvorgänge, aber auch auf die schon erwähnten Aus- und Einschlußängste. Sie setzt nicht auf hochkulturelle Säulenmonumente von Institutionen, sondern auf autonome Strukturbildung, deren Stärke wohl nur darin bestehen kann, daß sie eben nicht zum aufrechten Ganzen erstarrt. Damit können selbstorganisierte Strukturen nie diesen sterilmachenden Schutzwall einer zivilisierten Hochburg (in Abgrenzung der kulturlosen Barbaren) bilden, bleiben daher durchlässig für eigenes und anderes, aber auch für Ängste.

Damit auch mein Nachwort nicht zum Ganzen gerinnt, breche ich – bekennend, daß ich die vorliegenden Texte nicht bis zum letzten Wort eingeholt habe – ab, und bedanke mich vornehmlich bei den Nichterwähnten, die mir durch Auslassung ihrer inhaltlichen Beiträge ermöglicht haben, kein »letztes Wort« zu schreiben. Also nicht schließen, sondern zurückblättern!

AUTORINNEN- UND MITARBEITERINNENVERZEICHNIS

Gisela Aichholzer (Mag.): Studium der Germanistik und Philosophie, Diplom zur politischen und feministischen Theoretikerin Alice Rühle-Gerstel, langjährige Unterrichtspraxis in der Erwachsenenbildung (DaF), u. a. mit türkischen Frauen, dzt. Akademikerinnentraining in der *F*RAUEN*hetz*.

Juliane Alton (Mag.): Studium der Theaterwissenschaft und Publizistik, Mitorganisatorin und Referentin der Vortragsreihe »Feministische Prospekte«, div. Artikel zu Gentechnologie, Filmanalyse und Urheberrecht, Vortragende in der *F*RAUEN*hetz*, dzt. tätig bei der Verwertungsgesellschaft für Filmschaffende. Hg.in »Handbuch für Filmschaffende« (Wien 1995).

Ingvild Birkhan (Dr.): Lehraufträge und Publikationen zum Schwerpunkt Feministische Philosophie. Mitwirkung in der »Initiative für die Förderung der Frauenforschung und ihrer Verankerung in der Lehre«. Mitarbeiterin in der »Interuniversitären Koordinationsstelle für Frauenforschung Wien«.

Renata Fuchs: Studium der Psychologie, Medizin, Soziologie, Kommunikationswissenschaften, Ausbildung zur Gruppentrainerin und Psychotherapeutin, Mitgründerin der Offensiven Frauen, Mitorganisatorin der sechsten Österr. Frauensommeruniversität 1990, Mitorganisatorin und Referentin der Vortragsreihe »Feministische Prospekte« arbeitet dzt. im Zentrum für Beratung Krems.

Maria Kranzl: Bis 1980 als Lehrerin tätig, u. a. in Afghanistan. Seit 20 Jahren in der Frauenbewegung aktiv, lange Zeit davon hauptberuflich im Bund Demokratischer Frauen (Kärnten und Wien), NGO-Vertrerin bei der UNO, dzt. Volksschullehrerin in Wien, Studium der Soziologie, Erziehungswissenschaften und Politikwissenschaften.

Birge Krondorfer (Mag. Dr.): Studium der Theologie, Philosophie, Gruppendynamik und Politologie in Frankfurt, Klagenfurt und Wien (IHS); Lehrbeauftragte der Universitäten Wien und Innsbruck; einjährige kleine Gastprofessur an der Hochschule für künstlerische und industrielle Gestaltung in Linz; Gruppentrainerin, Supervisorin, Erwachsenenbildnerin und Journalistin; Vorträge und Publikationen zu Fragen der Geschlechterdifferenz und feministischen Theoriebildung; (Mit-)Organisation (u. a.) der zweiten (1985) und sechsten Österreichischen Frauensommeruniversität (1990), des vierten Symposions der Internationalen Philosophinnenassoziation und Arbeiten in weiteren (selbstorganisierten) Frauenzusammenhängen.

Conny Mostböck (Mag.): Studium der Sozialwirtschaft in Linz; Tätigkeiten auf der Österr. Hochschülerschaft (Presse, Kultur, Tutorium), einjähriger Auslandsaufenthalt in Stockholm, Schweden; dzt. Dissertation zu Frauen- und Mädchenfreiräumen (i. A.).

Margarete Neumann: Schauspielerin und Regieassistentin im »Theaterbrett« und im »Kindertheater Heuschreck«, Fotoredakteurin und Produktionsleiterin bei der Monatszeitung, Projektleiterin im Verein *F*RAUEN*h*etz, dzt. Hochschullehrgang für ökologische Beratungsberufe.

Eveline Pammer: Studium der Soziologie und Philosophie, Mitorganisatorin und Referentin der Vortragsreihe »Feministische Prospekte«, Mitarbeit in Gruppen der Friedens-, der sozialist. Jugend- und der Frauenbewegung, dzt. in einer Tischlerei tätig.

Katharina Pewny (Mag.): Studium der Theaterwissenschaft, Germanistik und Philosophie in Wien; Diplom, Vorträge, Tutorien, Seminare und Publikationen zu weiblicher Identitätsbildung (Antike, Ästhetik, weibliche Genealogien); (Mit-) Organisatorin und Referentin der Vortragsreihen 'Feministische Prospekte' und 'Frauenkunst und Kunstfrauen'; dzt.: Dissertation zu weiblicher Identitätsbildung und Theater (i. A.).

Gabriela Prosek: Lebt in Wien, Studium der politikwissenschaft/feministische Forschung ohne Ende. Past: feministische Bildungsarbeit im Rahmen der »Offensiven Frauen«, VHS Stöbergasse, Uni-Lesbengruppe, Vorbereitung Österr. Lesbentreffen, Vorbereitungsgruppe Hetzgasse, etc. Begründerin von FEMMAGE, Verein für feministische Kunst und Kultur, Veranstaltung u. a. von 1. und 2. Internationalem Frauenmusikfestival, 9th International Congress on Women in Music.

Johanna Riegler (Mag.): Ethnologin, tätig im Programmbereich der »Feministischen Wissenschafts- und Technikforschung« am IFF (Interuniversitäres Institut für Interdisziplinäre Forschung und Fortbildung Wien, Innsbruck, Klagenfurt); Finrrage-Mitglied (Feminist International Network in Resistance to Reproduction Technologies and Genetic Engineering). Arbeitet zur Zeit an der Dissertation »Niederkunft des Vaters, Gebärden des Einen«.

Ilse Rollett (Mag.): Lehramtsstudium der Germanistik und Romanistik, wissenschaftliche Mitarbeiterin der Virginia Woolf-Schule, politische Aktivistin der Frauenbewegung, Gründungsfrau des Frauenbildungs- und Kulturzentrums *F*RAUEN*h*etz Wien, div. Publikationen und Vortragstätigkeit zu Frauen- und Mädchenbildung und zur Politik der Frauenbewegung, dzt. AHS-Lehrerin.

Marcella Stecher: Goldschmiedin, Studium der Theaterwissenschaft, Mitorganisatorin der 6. Österr. Frauensommeruniversität (1990), Mitorganisatorin und Referentin der Vortragsreihe »Feministische Prospekte«, Vorträge und Publikationen zu Feministischen Theorien und Repräsentation, Diplom (i.A.) zu »Der weibliche Körper im/als Science Fiction«.

Andrea Strutzmann: Studium der Theaterwissenschaft und Germanistik in Wien und der Gruppendynamik in Klagenfurt, seit 1991 Tätigkeit in der Öster. Hochschülerschaft, dzt. Leitung von diversen Frauengruppen und –projekten (Frauentutorien), Gruppendynamikerin (i. A.).

Lisbeth N. Trallori (Dr.): Sozialwissenschaftliche Ausbildung an den Universitäten Florenz (scienze politiche) und Wien (Soziologie und Politikwissenschaft). Seit Mitte der 70er Jahre engagiert in diversen Frauenprojekten, kontinuierliche Auseinandersetzung mit Fragen zu Rassismus, Sexismus und Geschlechterpolitik; Studien zu Bevölkerungspolitik, Faschismus- und Widerstandsforschung sowie Technik- und Kultursoziologie. Erhielt 1984 den Preis der Theodor-Körner-Stiftung für Sozialwissenschaften. Wirkt seit 1986 als Lektorin am Institut für Soziologie und Politikwissenschaft der Universität Wien und am Institut für Zeitgeschichte der Bildungsuniversität Klagenfurt, vor allem auf dem Gebiet der Frauenforschung und feministischen Theorienbildung. Beteiligung an internationalen Tagungen und Symposien, zahlreiche Publikationen.

Irmi Voglmayr (Dr.): Studium der Publizistik und Soziologie, Hochschulkurs für Europa-Journalismus, Lektorin an der Universität Wien und der Sozialakademie Wien, freie Journalistin (Standard), Arbeitsschwerpunkte (Organisation von Symposien, Studien im Auftrag der Stadt Wien etc.): Frauen-Erwerbsarbeit, Kommunikation, Frauen/Raum/Stadt.

Uli Weiss: Studium der Theaterwissenschaft, Arbeitsschwerpunkte Antike und politische Theorie, langjährige frauenpolitische Tätigkeit (u. a. Universität), Mitorganisatorin und Referentin der Vortragsreihe »Feministische Prospekte«.